Alergia

Dra. Victoria Cardona

Amat
editorial

© Editorial Amat, S.L., Barcelona, 2009 (www.amateditorial.com)

Autora: Victoria Cardona
Director de la colección: Emili Atmetlla

ISBN: 978-84-9735-291-8
Depósito legal: NA-1.141/2009
Diseño cubierta: XicArt
Ilustraciones: Pedro Sánchez de la Fuente
Impreso por: Gráficas Ulzama
Impreso en España - Printed in Spain

Índice

ÍNDICE

Introducción

La alergia es una de las enfermedades más frecuentes en la actualidad. Todos conocemos personas que sufren alergia de uno u otro tipo, o somos nosotros mismos los que la padecemos.

El alérgico suele ser una persona joven y sana y, a veces, es difícil hacer comprender a los demás las limitaciones que sufre. Se sabe que es una de las enfermedades que más afecta a la calidad de vida de quienes la sufren. Además, se trata de un problema crónico, que puede influir en muchos aspectos del día a día del paciente. Por esto, es frecuente que los pacientes o sus familiares busquen información en revistas, libros o Internet sobre aspectos concretos de la alergia.

Este libro pretende explicar qué es la alergia, cómo se diagnostica, cómo se trata (y por qué se trata así) y cómo se puede intentar prevenir. Se ha procurado que sea fácil de leer, comprensible y entretenido. También hemos recogido información sobre páginas web que tratan diferentes temas relacionados con la alergia.

La divulgación de la información sobre la alergia es importante para que tanto los profesionales médicos, como los gestores sanitarios y los propios pacientes y sus familiares asuman que se trata de un problema real y muy relevante en numerosas ocasiones. Mi pasión por la alergología me ha llevado a implicarme en proyectos como este libro. Esperamos que le sea de utilidad.

1. ¿Qué es la alergia?

El ser humano tiene un contacto continuo con el ambiente que le rodea y las sustancias que lo componen. La piel, el aparato respiratorio y el aparato digestivo son órganos que limitan con el exterior. Es aquí donde actúan las sustancias que pueden producir la alergia.

La **alergia** es una alteración debida a una reacción anómala ante una sustancia inocua que se denomina **alérgeno.** La palabra alérgeno significa literalmente sustancia capaz de producir alergia. Los alérgenos son tolerados sin problema por los individuos no alérgicos. Por ejemplo, la mayoría de la gente tolera estar en contacto con los gatos; sin embargo, cuando se es alérgico a ellos se producen crisis de estornudos, picor de nariz y mocos.

Esta reacción alérgica es debida a una «equivocación» del **sistema inmunológico**. Este sistema es el encargado de vigilar el buen funcionamiento del organismo. Se podría comparar con las fuerzas de seguridad de un estado (policía, aduanas, ejército, bomberos, etcétera). Nos protege frente a la invasión de agentes nocivos externos, como las bacterias o los virus que pueden producir infecciones, o frente a células propias que puedan suponer una amenaza, como las células tumorales. Pero también debe ser capaz de permitir la entrada de sustancias beneficiosas como los nutrientes que ingerimos con los alimentos. Es decir, debe actuar como una aduana, donde las personas del país o los extranjeros con pasaporte pueden pasar, pero los inmigrantes en situación ilegal o los productos de contrabando son detectados. Cuando se desarrolla la **alergia**, se produce una reacción inflamatoria local o unos síntomas generalizados frente al **alérgeno**, que se debería haber tolerado.

Otro concepto que está íntimamente relacionado con el de alergia es el de **atopia**. La **atopia** es la tendencia que tiene un individuo a desarrollar enfermedades alérgicas del tipo asma alérgica, rinitis alérgica o dermatitis atópica (eczemas). Por ejemplo, un niño con asma alérgica a los ácaros del polvo, será un niño atópico, y si su padre también padece asma alérgica, podremos decir que este niño tiene antecedentes familiares de atopia. La atopia es una tendencia heredi-taria a padecer alergia que está presente en algunas familias.

Protagonistas de la reacción alérgica

En la reacción alérgica participan, entre otros, los si-guientes elementos:

- **Alérgeno.** Sustancia, normalmente de naturaleza proteica, capaz de generar una reacción alérgica.

- **Inmunoglobulina (IgE).** Tipo de anticuerpo típica-mente involucrado en las reacciones alérgicas, aun-que también participa en la defensa contra parásitos (por ejemplo, contra las lombrices).

- **Mastocito.** Célula del sistema inmune que se ha-lla en la mucosa respiratoria, digestiva y en la piel. En su superficie se hallan las moléculas de IgE. En su in-terior se acumulan sustancias que al liberarse duran-te la reacción alérgica inducen los síntomas de la alergia.

- **Histamina.** Sustancia que se almacena dentro del mastocito y que se libera durante la reacción alérgica. Es capaz de producir dilatación de los vasos sanguíne-os (vasodilatación), aumento de la permeabilidad de los vasos sanguíneos (salida de líquido) y estimulación de los nervios. Esto conduce al desarrollo de hinchazón (edema), enrojecimiento (eritema) y picor (prurito).

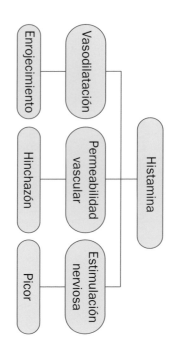

La histamina es la sustancia más importante en la reacción alérgica, ya que es responsable directa de los síntomas típicos.

La reacción alérgica

La reacción alérgica se desarrolla en dos fases:

1. Fase de sensibilización

En esta fase, el sistema inmunológico empieza a «reaccionar» frente al **alérgeno**. Es como si un policía identificara como delincuente a alguien que no lo es. En este momento se producen unos anticuerpos contra el alérgeno denominados **IgE**. Aún no aparece ningún síntoma.

2. Fase sintomática

En contactos posteriores del paciente con el **alérgeno** se produce la unión de éste a la IgE que se halla en la superficie de células del sistema inmunológico, como los **mastocitos**. Esta unión funciona como una llave que encaja en una cerradura y «abre» el mastocito. Entonces se liberan unas sustancias que inducen los síntomas típicos de la alergia. Entre ellas destaca la **histamina**.

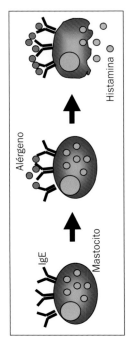

IgE

Mastocito

Alérgeno

Histamina

Los mastocitos son las células que contienen la histamina. El alérgeno los activa, mediante la IgE.

Tal como se ha comentado anteriormente, las sustancias que se liberan tienen efectos directos, como inducir la aparición de enrojecimiento, hinchazón y picor. Además, atraen al lugar de la reacción alérgica a otras células que también participarán en el proceso inflamatorio. Más adelante, describiremos todos los síntomas que pueden producir.

¿Cuánta gente padece alergia?

La frecuencia con que la alergia afecta a la población general varía mucho de una zona geográfica a otra. De forma global, se considera que en las sociedades más desarrolladas, una de cada 4 o 5 personas es alérgica (entre el 20-25%). En las zonas menos desarrolladas, se ha visto que es menos frecuente. En España, por ejemplo, se calcula que puede afectar a unos 10 millones de personas.

Un hecho preocupante es que los datos indican que el porcentaje de personas alérgicas está aumentando. Es cierto que el número de pacientes que se diagnostican de alergia es mayor porque se conoce mejor la enfermedad, porque existen mejores métodos diagnósticos y porque los pacientes consultan más que antes por problemas relacionados con la alergia.

Los factores relacionados con este incremento aun no están totalmente identificados, pero parece que uno de los más importantes es el «estilo de vida occidental», caracterizado por unas condiciones de mucha limpieza, el uso de antibióticos y vacunas, y un escaso contacto con ciertos tipos de microorganismos. Esto daría lugar a que al sistema inmunológico «le faltaran ciertos estímulos» y se favoreciera el desarrollo de respuestas alérgicas. Es lo que actualmente se conoce como **teoría de la higiene**.

Puntos clave:

- La alergia es una reacción anómala frente a una sustancia inocua que la mayoría de individuos toleran.

- El alérgeno es la sustancia que induce la reacción alérgica.

- La IgE es el anticuerpo que reconoce al alérgeno y que inicia la reacción alérgica.

- La atopia es una tendencia familiar a padecer alergia.

- La alergia afecta cada vez a más individuos.

2. ¿Por qué se produce la alergia?

Factores genéticos

No existe una causa única a la que se pueda atribuir la alergia, pero uno de los factores más importantes es la predisposición genética. Un gen es una porción muy pequeña del ADN (ácido desoxirribonucléico). Los genes contienen toda la información para el desarrollo de los seres vivos y se heredan de los padres. Algunas enfermedades dependen de un solo gen, y si el individuo lo ha heredado de sus padres, desarrollará la enfermedad. En cambio, la alergia parece depender de muchos genes, algunos de los cuales ya se han podido identificar.

No todos los hijos de padres alérgicos serán alérgicos, pero tienen más probabilidad de desarrollar este tipo de enfermedades. Esta tendencia a que la alergia aparezca en diferentes miembros de una misma familia es lo que se conoce como atopia.

Factores ambientales

Además de la predisposición atópica, hay algunas características del ambiente, de la dieta, etcétera, que favorecen el desarrollo de la alergia. Repasaremos algunos de ellos.

Alimentación

La alimentación del lactante es un factor que se ha relacionado con el desarrollo de enfermedades alérgicas. La lactancia materna, que es la que se aconseja durante los primeros meses de vida siempre que sea posible, puede contener alérgenos provenientes de la dieta de la madre, y en algún caso, puede inducir reacciones alérgicas. Sin embargo, es más frecuente que esto ocurra cuando se introducen fórmulas de lactancia artificial producidas a partir de leche de vaca.

Como veremos más adelante, la alergia a las proteínas de la leche de vaca es la alergia alimentaria más importante en los bebés. También se ha visto que la introducción precoz de alimentos sólidos se asocia a un aumento de la probabilidad de que el bebé presente eczemas.

Además, de forma global, la alimentación en los países desarrollados se basa cada vez más en productos manufacturados (comida preparada), lo que puede favorecer también el desarrollo de enfermedades alérgicas. Esto es así, porque se trata de alimentos esterilizados que contienen más sustancias químicas (aditivos) y menos cantidad de ciertas sustancias beneficiosas, como ciertas vitaminas y minerales. Los productos frescos, en cambio, contienen vitamina A, C y E, y minerales como el selenio, entre otros, que actuarían como antioxidantes beneficiosos para la salud.

Humo de tabaco

Que el tabaco es nocivo para quien fuma y para aquellos que están a su alrededor es un hecho conocido. Pero además se ha comprobado que favorece la aparición de enfermedades alérgicas, especialmente cuando la fumadora es la madre. Así, tanto si la madre fuma durante el embarazo, como si el niño crece en un ambiente con humo, tiene una probabilidad más alta de padecer alergia y asma.

Alérgenos

Aunque existen controversias sobre este tema, parece que la presencia de altas concentraciones de alérgenos favorecería el desarrollo de alergia. Así, por ejemplo, los bebés que nacen en primavera normalmente tienen más probabilidad de tener alergia al polen en el futuro. También hay algunos trabajos que muestran que unas medidas estrictas para disminuir la presencia de ácaros del polvo en el domicilio del recién nacido, ayudarían a prevenir la aparición de alergias.

En algunos casos los resultados de los estudios realizados son discordantes. Por ejemplo, en el caso de la presencia de animales domésticos en el domicilio en el momento del nacimiento y primera infancia, unos trabajos dicen que protegen y otros que favorecen la aparición de alergias.

Infecciones, antibióticos y vacunas

Algunos procesos infecciosos de la primera infancia tendrían un efecto potenciador sobre el sistema inmunológico y su respuesta «normal», disminuyendo la probabilidad de desarrollar alergia. En cambio, algunos trabajos apuntan a que el uso de antibióticos tendría el efecto contrario. Esta sería una de las razones por las que los antibióticos deben usarse de forma controlada, sólo cuando el médico considera que son necesarios.

Aunque algunos trabajos apuntan a que el uso de ciertas vacunas antiinfecciosas podría aumentar ligeramente la posibilidad de que se desarrolle una alergia, su beneficio supera en mucho al potencial riesgo, y por tanto deben seguir utilizándose.

Puntos clave:

- Las enfermedades alérgicas no son debidas a una única causa.

- La alergia tiene tendencia a afectar a diversos individuos de ciertas familias, por lo que parece claro que existe un componente hereditario.

- Se han identificado algunos genes relacionados con la aparición de enfermedades alérgicas.

- Diversos factores externos pueden influenciar el desarrollo de enfermedades alérgicas (infecciones, alimentación, exposición a alérgenos, humo de tabaco).

3. Síntomas

La alergia es una enfermedad «sistémica», es decir, afecta a todo el organismo. Los síntomas que produce pueden aparecer en diversos órganos y sistemas. Cada individuo alérgico tiene una expresión distinta de estos síntomas, presentando afectación en uno, varios o todos los órganos posibles.

En algunos casos, la alergia se manifiesta en fases. Así, puede ser que un bebé presente primero dermatitis atópica, después alergia a alimentos y finalmente rinitis o asma. Es lo que se denomina la marcha alérgica o marcha atópica. Pero en todo caso, quien es atópico lo es toda la vida, igual que es alto o bajo. Lo que puede ocurrir es que cambien, o incluso desaparezcan los síntomas.

A continuación, describiremos cada una de las diferentes enfermedades alérgicas y sus síntomas.

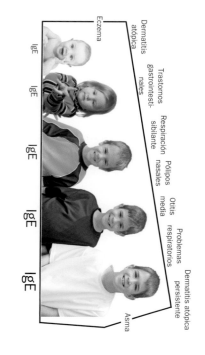

Eczema

Dermatitis
atópica

Trastornos
gastrointesti-
nales

Respiración
sibilante

Pólipos
nasales

Otitis
media

Problemas
respiratorios

Dermatitis atópica
persistente

Asma

IgE   IgE   IgE   IgE   IgE

Dermatitis atópica o eczema atópico

Con frecuencia, la dermatitis atópica o eczema atópico es la primera manifestación alérgica de un niño. Se trata de una afección de la piel, que se muestra reseca y se inflama con frecuencia dando lugar a picor (síntoma predominante), enrojecimiento y descamación. Se trata de un problema crónico (que dura mucho tiempo) y que se manifiesta a brotes, pudiendo alternarse períodos en que el niño casi está asintomático con otros en que tiene muchos eczemas. Normalmente aparece en la primera infancia y suele afectar a niños atópicos (véase el capítulo ¿Qué es la alergia?).

La gravedad de la dermatitis atópica puede ser muy variable; a veces sólo hay sequedad cutánea y algún eczema ocasional. Sin embargo, en otros pacientes los eczemas afectan a casi toda la superficie cutánea. En estos casos suele afectar mucho la vida del paciente por culpa del picor, de su imagen física, del insomnio, etcétera.

No todos los pacientes con dermatitis atópica son alérgicos; no obstante, hay que evaluar si existen sensibilizaciones alérgicas o no. Además, hay que pensar que pueden aparecer otras manifestaciones de la alergia; por tanto, habrá que ver si hay algún síntoma que haga sospechar que puede tener alergia a algún alimento, alergia respiratoria u otras.

¿Qué zonas del cuerpo se ven afectadas? La distribución de las lesiones varía con la edad. En los bebés y niños más pequeños suele ser la cara y las zonas de extensión de los miembros, mientras que después se suelen presentar los eczemas en las zonas de flexión.

Los pacientes con eczema atópico son propensos a padecer infecciones cutáneas con más frecuencia e intensidad que otras personas. A veces, las heridas que produce el eczema se sobreinfectan por microbios como el estafilococo, produciendo una secreción amarillenta. En otras ocasiones, infecciones que suelen ser leves y localizadas en individuos sanos, se generalizan y afectan a áreas extensas de la piel (herpes simple, molluscum contagioso, etcétera).

Zonas de la piel que se afectan por la dermatitis atópica según la edad del paciente. BEBÉS: Todo el cuerpo excepto trasero e ingles. NIÑOS: Cuello, tobillos, piernas y brazo. ADULTOS: Cuello, tobillos y la parte interna de tobillos y rodillas.

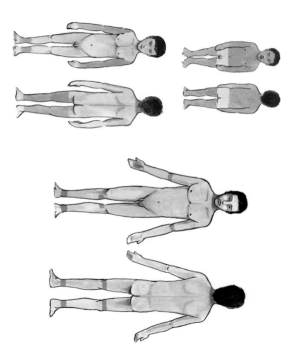

Hay una serie de factores que pueden desencadenar la aparición de un brote de dermatitis:

- Alimentos a los que el paciente está sensibilizado.
- Altos niveles de alérgenos ambientales (polvo doméstico, pelo o caspa de animales…).
- Algunos productos químicos que pueden estar presentes en productos cosméticos (geles, cremas), detergentes, etcétera.
- Los estados de nervios, ansiedad o estrés.
- Infecciones.

Alergia a alimentos

No deja de ser sorprendente que los alimentos, que son imprescindibles para nutrirnos, puedan causar alergia. Aunque muchas personas presentan alguna reacción relacionada con la ingesta de ciertos alimentos, la mayoría no son reacciones alérgicas sino intolerancias o simplemente aversión. La alergia a alimentos puede aparecer en cualquier momento de la vida, aunque es más frecuente en niños.

Existen dos mecanismos diferentes que explican la aparición de alergia a alimentos: la sensibilización directa al alimento (más frecuente en niños) y la sensibilización inicial a un alérgeno inhalado (alérgenos del ambiente que se respiran) y una posterior reacción cruzada. En este segundo caso, el alimento contiene

29

alguna proteína muy similar a otra del alérgeno inhalado al cual ya es alérgico el individuo, y por «equivocación» se produce una reacción al ingerir el alimento. Es lo que se conoce como **reacción cruzada.** Por ejemplo, esto puede ocurrir en personas alérgicas a los ácaros del polvo doméstico, que presentan reacciones al comer gambas, ya que éstas contienen proteínas que se parecen a las de los ácaros. También puede ocurrir entre:

- Polen de la artemisia y mostaza, zanahoria y pipas de girasol.
- Polen de abedul y manzana.
- Polen de plátano de sombra y lechuga.
- Látex (goma) y castaña, kiwi, plátano, aguacate.
- Ácaros y caracoles, moluscos (almejas) y crustáceos (gambas, langostinos).

Los alimentos implicados en los casos de alergia varían con la edad del paciente, tal como se recoge en la tabla siguiente.

Alimentos causantes de alergia con más frecuencia

Infancia	Adultos
Leche Huevo Pescado	Frutas Frutos secos Pescado Marisco

La zona geográfica y las costumbres alimentarias también condicionan las alergias alimentarias más frecuentes. Por ejemplo, el cacahuete es una causa muy importante de reacciones alérgicas graves en Estados Unidos, donde se consume muchísimo (como aperitivo, ingrediente de barritas de chocolate, manteca de cacahuete, etcétera). En cambio, aunque existen casos de alergia al cacahuete en España, no supone un problema tan frecuente.

Los síntomas de la alergia a alimentos pueden ser:

- Cutáneos: picor, urticaria (ronchas), angioedema (hinchazón) o empeoramiento de la dermatitis atópica.
- Digestivos: picor e hinchazón en la boca, náuseas, vómitos, dolor abdominal o diarrea.
- Respiratorios: congestión nasal, estornudos, picor de nariz y ojos, ahogo, tos o sibilantes (pitos en el pecho).

- Generalizados (anafilaxia): cualquiera de los anteriores combinados, además de mareo, bajada de la tensión arterial y pérdida de conciencia.

Aunque es infrecuente, existen casos graves de anafilaxia que han desembocado en el fallecimiento del paciente.

Mientras que un adulto raramente supera una alergia a alimentos, en los niños ocurre con frecuencia que llegan a tolerarlo después de un período de evitar el alimento causante. Esto es especialmente frecuente en casos de alergia a la leche y los huevos. Por esto, es necesario repetir las pruebas de alergia de forma periódica, y cuando se han reducido o negativizado es posible que el alergólogo realice una prueba de tolerancia al alimento. Esta prueba siempre debe realizarse en el hospital y de forma controlada. No intente realizar pruebas por su cuenta; pueden producir una reacción grave.

Rinitis y conjuntivitis alérgica

La rinitis es probablemente la enfermedad alérgica más «típica». La imagen que tenemos de una persona alérgica es alguien con la nariz congestionada y los ojos rojizos.

La rinitis y la conjuntivitis se producen cuando la reacción alérgica afecta a la nariz (mucosa nasal) y a los

SÍNTOMAS

ojos (conjuntiva ocular). Cuando la rinitis y la conjuntivitis alérgica coexisten, que es lo más frecuente, se denomina rinoconjuntivitis. La rinoconjuntivitis alérgica puede aparecer a cualquier edad, aunque lo más típico es que se inicie en la infancia, adolescencia o en adultos jóvenes. Los síntomas son:

- Nariz tapada, que puede producir pérdida de olfato.
- Mocos, normalmente líquidos y transparentes.
- Estornudos en salvas.
- Picor de la nariz.
- Picor y enrojecimiento de los ojos.

En los alérgicos, estos síntomas aparecen con mucha frecuencia, durante días seguidos e incluso largas temporadas. Según el alérgeno o los alérgenos causantes, los síntomas aparecerán en una época u otra del año, y a veces durante todo el año.

Aproximadamente una quinta parte de los pacientes con rinitis tiene además asma bronquial, por lo que es importante valorar la posible afectación de los bronquios en todos los pacientes con rinitis. La rinitis se considera un factor de riesgo para desarrollar asma bronquial.

Otras complicaciones que pueden aparecer, asociadas a la rinitis alérgica, son:

- Otitis media crónica con derrame.
- Sinusitis.
- Hipertrofia linfoide: adenoides (vegetaciones), hipertrofia amigdalar.

Los alérgenos que causan rinoconjuntivitis con más frecuencia son los ácaros del polvo, los pólenes y la caspa de animales domésticos. Se explicarán con más detalle en el capítulo sobre prevención.

Con mucha menor frecuencia, la alergia ocular puede producir otras patologías, aparte de la conjuntivitis alérgica. Éstas son:

SÍNTOMAS

- La conjuntivitis papilar gigante: es una alteración alérgica local que se manifiesta en los portadores de lentes de contacto. Las molestias que provoca pueden llegar a imposibilitar la utilización de lentes de contacto.

- La queratoconjuntivitis vernal: es más frecuente en niños. Los afectados desarrollan una importante fotofobia (molestia excesiva por la luz) que, en los casos extremos, puede llegar a ser incapacitante. Ocasionalmente puede afectar a la córnea y el paciente puede llegar a perder parte de visión.

- La queratoconjuntivitis atópica: es producida por una dermatitis atópica. Los síntomas son: picor, secreción, enrojecimiento, intolerancia a la luz y úlceras corneales —que pueden producir una cicatrización con la consiguiente pérdida de visión—, desarrollo de queratocono (deformación de la córnea que adopta forma cónica) o aparición de cataratas.

En estos casos, es necesaria la estrecha colaboración entre el alergólogo y el oftalmólogo para conseguir un buen diagnóstico y tratamiento del paciente.

Asma bronquial

El asma bronquial se produce cuando la alergia respiratoria afecta a los bronquios. Se estima que ocho de cada diez casos de asma bronquial son de origen alérgico. Y, tal como se ha comentado previamente,

la mayoría de asmáticos presentan además rinoconjuntivitis.

El asma puede iniciarse en la infancia o durante la ju-
ventud. Se trata de la enfermedad crónica más frecuente en la infancia.

Los bronquios son los tubos que conducen el aire
desde el exterior hasta el interior de los pulmones
cuando respiramos. La inflamación alérgica del bronquio produce estrechamiento del bronquio (broncospasmo), aumento del grosor de la pared y aumento
del moco. Esto da lugar a un espacio más pequeño
que dificulta el paso del aire.

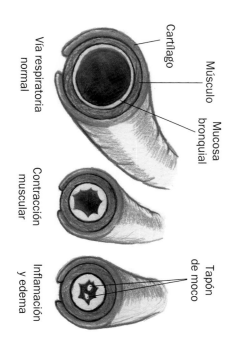

Cartílago

Músculo

Mucosa
bronquial

Vía respiratoria
normal

Contracción
muscular

Tapón
de moco

Inflamación
y edema

Inflamación alérgica del bronquio.

SÍNTOMAS

Los síntomas del asma son:

- Ahogo.
- Tos.
- Pitos en el pecho (sibilantes).
- Sensación de opresión en el pecho.

El asma aparece en forma de crisis. Muchas veces el paciente está sin síntomas o con síntomas mínimos el resto del tiempo, aunque se sabe que existe una inflamación crónica. Las crisis pueden desencadenarse sin causa aparente o por circunstancias como:

- Infecciones respiratorias, como un resfriado.
- Exposición a alérgenos, como por ejemplo al pelo de gato si se es alérgico a ellos.
- Ejercicio, especialmente si se realiza en un ambiente frío y seco.

- Medicamentos, como en algunos pacientes que presentan crisis tras tomar ácido acetilsalicílico (aspirina).

Las crisis de broncospasmo (cierre de los bronquios) que sufren los pacientes asmáticos pueden iniciarse y desarrollarse de forma progresiva, durante horas o días, o de forma brusca en pocos minutos. Igualmente, pueden resolverse espontáneamente al pasar los minutos o las horas, pero en muchas ocasiones requieren medicación específica, que se mencionará en el capítulo sobre tratamiento. Es muy importante que el paciente sepa qué medicación es de mantenimiento y cuál es para aliviar los síntomas. Además, debe estar preparado para actuar en caso de urgencia; debe saber a qué número de teléfono llamar o a qué centro de urgencias acudir.

Anafilaxia

La anafilaxia es una reacción alérgica de instauración rápida que afecta a todo el cuerpo. Se caracteriza por implicar a más de un sistema del organismo, pudiendo aparecer diferentes combinaciones de síntomas como son:

- Picor y urticaria (ronchas) en la piel.
- Angioedema (hinchazón) de labios, párpados, genitales, etcétera.

- Rinoconjuntivitis que da lugar a congestión nasal, estornudos, moqueo.
- Broncospasmo (crisis de asma), con ahogo, tos y sibilantes (pitos en el pecho).
- Síntomas digestivos, como picor o hinchazón en la boca y la faringe, que pueden dar lugar a cambio de la voz o dificultad para tragar, dolor abdominal (cólico), nauseas, vómito y diarreas.
- Bajada de la tensión arterial y taquicardia.
- Mareo y pérdida de conciencia.

Cuando hay caída de la tensión arterial se conoce como choque o shock anafiláctico, y se considera una situación de gravedad que puede en algunos casos tener un desenlace fatal.

Típicamente, los alérgenos que producen anafilaxia no son del tipo inhalado (respirado) o de contacto, sino ingerido o inyectado. Los más frecuentes son los alimentos, los medicamentos y las picaduras de insectos con veneno (abejas y avispas).

En algunos casos, el ejercicio físico, la toma de medicamentos como los antiinflamatorios no esteroideos o el alcohol pueden actuar conjuntamente con el alérgeno provocando una reacción anafiláctica más grave. Esto puede dificultar el diagnóstico en algunos casos. Por ejemplo, puede ser que un paciente presente alergia al comer una manzana y realizar un ejercicio (correr o bailar) de forma consecutiva. Sin embargo, es posible que pueda comer la manzana sin problemas cuando está en reposo.

Cuando se presentan episodios repetidos de anafilaxia es conveniente descartar la presencia de una mastocitosis sistémica. En esta enfermedad existe un incremento en el número de mastocitos (que como hemos comentado son unas células fundamentales en las reacciones alérgicas), y los pacientes reaccionan con mucha más facilidad frente a diferentes estímulos.

El paciente que ha padecido una reacción de este tipo alguna vez y que tiene riesgo de poder padecer otra debe saber cómo actuar en estas circunstancias; habitualmente se le instruye en el uso de un kit de medicamentos de emergencia que incluye adrenalina inyectada (ver el capítulo sobre tratamiento farmacológico).

En el caso de haber sufrido una anafilaxia, es especialmente importante consultar al alergólogo para intentar averiguar la causa y tomar las medidas adecuadas para evitar un nuevo episodio.

Urticaria y angioedema

La urticaria se caracteriza por la aparición de ronchas en la piel. Estas ronchas son unas sobreelevaciones de tamaño variable (desde la dimensión de una lenteja hasta varios centímetros), de formas caprichosas, normalmente rosadas y que ocasionan picor. Cada roncha suele durar entre algunos minutos y varias horas, pero no más de un día. No obstante, como pueden aparecer ronchas nuevas, la crisis de urticaria puede durar más tiempo.

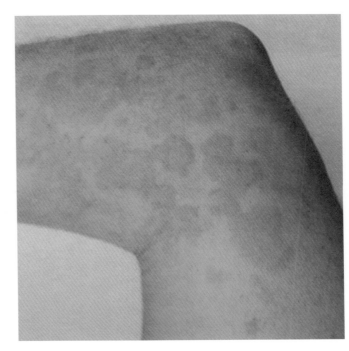

Ronchas en la piel producidas por la urticaria.

Cuando la urticaria afecta a zonas de tejido laxo (muy distensible) aparece una hinchazón difusa que se denomina **angioedema**. Puede aparecer en los párpados, los labios, la lengua, los genitales y, en alguna ocasión, en las articulaciones. Aparece más lentamente y dura más que la urticaria, aunque más que picor produce sensación de distensión. Suele acompañarse de urticaria.

La urticaria se llama **aguda** cuando dura menos de 6 semanas y **crónica** cuando dura más.

En la mayoría de ocasiones, la urticaria no es de origen alérgico; solamente en los casos en los que el paciente relaciona muy claramente haber estado en contacto o haber ingerido un producto que le produce alergia (por ejemplo, tocar la piel del melocotón o comerse un melocotón), se confirma esta causa. Lo que ocurre es que en las reacciones alérgicas por alimentos o medicamentos casi siempre aparece urticaria. Por esto, se han asociado erróneamente urticaria y alergia como sinónimos.

Existen una serie de urticarias que se desencadenan directamente por estímulos físicos. Estas urticarias suelen ser fáciles de detectar, ya que aparecen in-

SÍNTOMAS

mediatamente después del estímulo y en la zona del cuerpo en que éste se ha producido.

Urticarias físicas

Tipo de urticaria	Estímulo desencadenante
Dermografismo (urticaria facticia)	Rascado
Urticaria colinérgica	Por aumento de calor corporal y sudoración
Urticaria de presión	Presión o peso suficiente y prolongado
Urticaria por frío	Contacto directo con frío ambiental, agua fría...
Urticaria por calor	Contacto directo con fuentes de calor
Urticaria vibratoria	Contacto con aparatos que vibren
Urticaria acuagénica	Contacto directo con agua (a cualquier temperatura)

En las urticarias crónicas, se valora la posibilidad de alguna alteración relacionada, como una infección intestinal por parásitos (lombrices) o una alteración de las hormonas tiroideas, pero en la mayoría de los casos no se hallan alteraciones. Entonces se denomina **urticaria crónica idiopática**, que simplemente significa que no existe una causa específica para la urticaria.

43

En cualquier caso, no es un problema grave ni contagioso, aunque puede ser muy molesta. Suele controlarse con medicación y en algunos casos, puede durar meses o años.

Existe un tipo especial de angioedema que se llama **angioedema por déficit del inhibidor del C1** o **angioedema hereditario**. Se trata de un trastorno hereditario en el cual falta una proteína (el inhibidor del C1). Esta proteína tiene como función «parar» la hinchazón cuando ésta se produce; por tanto, a estos pacientes les falla el mecanismo que detiene la hinchazón. Los síntomas que presentan los pacientes afectados son angioedema que puede afectar a cualquier zona del cuerpo o episodios de dolor abdominal intenso.

Las crisis aparecen de forma espontánea o por traumatismos, estrés y procedimientos médicos o quirúrgicos. El diagnóstico de sospecha se confirma mediante un análisis de sangre. Como es una enfermedad hereditaria, hay que estudiar a toda la familia para averiguar si hay más miembros afectados. Existen tratamientos para las crisis agudas, mediante la administración intravenosa del inhibidor del C1, y tratamientos para evitar la aparición de los síntomas.

Dermatitis de contacto

La dermatitis de contacto es una reacción de la piel por el contacto con una sustancia. Esta sustancia puede producir irritación o alergia. Las sustancias irritantes pueden producir eczema de contacto a prácticamente todo el mundo si se aplican durante un tiempo suficientemente prolongado. En cambio, las sustancias «normales» que producen alergia de contacto necesitan que la persona se «sensibilice» a ellas previamente.

La dermatitis de contacto alérgica es un tipo especial de alergia, porque a diferencia de la alergia típica que aparece de forma inmediata, la dermatitis de contacto es un eczema que aparece de forma retardada. Normalmente han de pasar horas o días hasta que aparezca la reacción. Afecta a la piel exclusivamente en la zona que ha estado en contacto con la sustancia causante. El ejemplo más típico es la dermatitis de contacto por níquel. En esta alergia, el paciente no tolera el contacto con objetos metálicos que contengan níquel, pero las lesiones no aparecen hasta pasados uno o dos días como mínimo. Por ejemplo, hay pacientes con esta alergia que se ponen un objeto de bisutería y al cabo de unos días se lo tienen que quitar porque aparece el eczema.

Las lesiones que se producen en la piel son enrojecimiento con picor y, a veces, vesículas (como ampollitas de contenido líquido), sequedad y descamación. Este proceso dura días, semanas o meses.

Alérgenos más frecuentes según la localización del eczema

Zona afectada	Agente causante probable
Cuero cabelludo y orejas	Champúes, tintes de cabello, medicaciones tópicas.
Párpados	Laca de uñas, cosméticos, soluciones de lentillas, medicaciones tópicas.
Cara	Alérgenos aéreos, cosméticos, filtros solares, medicaciones para el acné, lociones de afeitado.
Cuello	Cadenas, alérgenos aéreos, perfumes, lociones de afeitado.
Tronco	Medicaciones tópicas, filtros solares, plantas, ropa, elementos metálicos, gomas de la ropa interior.
Axila	Desodorante, ropa.
Brazos	Relojes y correas.
Manos	Jabones y detergentes, alimentos, disolventes, cementos, metales, medicaciones tópicas, guantes de goma.
Genitales	Preservativos, alérgenos transferidos por las manos.
Región anal	Preparaciones de hemorroides, preparaciones antifúngicas.
Piernas	Medicaciones tópicas, tintes de medias.
Pies	Zapatos, cemento.

Alergia a medicamentos

No es raro que los medicamentos produzcan efectos adversos. Esto significa que causan algunas alteraciones, aparte del efecto beneficioso propio del fármaco. En algunas ocasiones puede tratarse de verdaderas reacciones alérgicas, pero en la mayoría de casos se trata de efectos secundarios.

Los medicamentos que causan alergia con más frecuencia son los antibióticos, y entre ellos destaca la familia de las penicilinas (por ejemplo, la amoxicilina). También la aspirina (ácido acetil salicílico) y los antiinflamatorios no esteroideos son una causa frecuente. Este último grupo, a veces puede ocasionar empeoramiento del asma, y por ello en ocasiones se les prohíbe a los pacientes asmáticos tomar aspirina y derivados.

Los síntomas pueden ser muy variables:

• Urticaria y angioedema (ronchas y hinchazón).
• Anafilaxia (reacción alérgica generalizada).
• Dermatitis de contacto (alergia directa en el punto de aplicación de una crema, por ejemplo).
• Erupciones cutáneas acompañadas de picor.

Para presentar alergia a un medicamento es necesario haberlo tomado en alguna ocasión anterior. Por consiguiente, el hecho de haber tomado y tolerado un determinado medicamento en ocasiones previas no descarta que sea la causa de una alergia.

Hay algunas personas que dicen ser «alérgicas a todos los medicamentos». Esto es científicamente imposible. Si se tienen reacciones con diversos medicamentos hay que determinar si están relacionados y si son verdaderas reacciones alérgicas o bien efectos secundarios.

Puntos clave:

- Las enfermedades alérgicas pueden afectar a diversos sistemas del organismo (piel, vías respiratorias, aparato digestivo, etcétera).

- Un paciente alérgico puede presentar únicamente una manifestación aislada (por ejemplo, rinitis), pero es más frecuente que la alergia se muestre a través de diversos síntomas.

- La gravedad de las enfermedades alérgicas puede ser muy variable: algunas son molestias menores y otras deben ser tratadas de forma adecuada para evitar secuelas.

- El asma es la enfermedad crónica más frecuente en la infancia.

- El alergólogo es un especialista preparado para diagnosticar y tratar todas estas enfermedades alérgicas.

4. Diagnóstico

Se podría comparar el comportamiento de los profesionales sanitarios que se ocupan de diagnosticar las enfermedades alérgicas al de los detectives. A partir de los datos que refiere el paciente se generan unas «pistas» que apuntan a un sospechoso. Su función será encontrar pruebas que confirmen o descarten que es el culpable. Para ello, deberá seguir los siguientes pasos.

Historia clínica

Se trata de recoger toda la información acerca del paciente que pueda ayudar a confirmar la posible alergia. Se comienza revisando la historia familiar, ya que como hemos comentado es frecuente que los padres o hermanos tengan alergia. Se investiga también si el paciente tiene alguna enfermedad alérgica previa, si fuma o está expuesto a sustancias que le produzcan alergia en el trabajo o en su vida personal y social. Es importante saber cómo es su vivienda, su dormitorio y si tiene mascotas. Además, es necesario saber qué otras enfermedades tiene o ha tenido y la medicación que toma.

En cuanto a la sospecha de enfermedad alérgica, es necesario averiguar qué síntomas padece, desde cuándo y en qué circunstancias aparecen. Por tanto se preguntará:

- Si se sospecha que el paciente tiene rinitis o asma, si hay alguna época del año en que sea más frecuente (suele sugerir alergia a pólenes) o si ha identificado qué le produce síntomas (polvo, animales, etcétera), y si mejora con algún medicamento.

- En caso de alergia alimentaria, si aparecen los síntomas siempre al ingerir aquel alimento, si depende de si está crudo o cocido, si le ocurre con otros alimentos del mismo grupo (por ejemplo, si alguien tiene problemas al comer avellanas, si nota lo mismo con otros frutos secos).

- En pacientes con urticaria, hay que preguntar al paciente si tiene alguna sospecha de por qué le aparece.

- En el caso de alergia a medicamentos, se averiguará si ya había tomado ese medicamento antes, cuánto tiempo pasó desde que lo tomó hasta que aparecieron lo síntomas, si al interrumpirlo mejoraron, si lo ha vuelto a tomar y si se ha repetido la sintomatología o no.

- En pacientes con dermatitis atópica, hay que preguntar si ha identificado algún alimento o producto de higiene o cosmética que mejore o empeore la sintomatología. En las dermatitis de contacto, el paciente identifica muchas veces la sustancia o el objeto causante.

Exploración física

Consiste en examinar al paciente para encontrar signos de enfermedad alérgica. Existen algunas características que son típicas de los pacientes alérgicos, sobre todo en el caso de los niños.

Algunos ejemplos son:

- Piel seca, típica de la dermatitis atópica.
- Eczemas de localización típica.
- Pliegue debajo de los ojos (pliegue de Dennie Morgan).
- «Saludo alérgico», que consiste en deslizar la palma de la mano hacia arriba por la parte anterior de la nariz, y que a veces llega a producir un pliegue en el dorso de la nariz.
- Examinar la nariz para ver si está inflamada, si hay moco o alteraciones que puedan producir sensación de nariz tapada (tabique desviado, pólipos, etcétera).

- Auscultar los pulmones para averiguar si hay sonidos típicos del asma como los sibilantes.

Pruebas cutáneas de prick

Las pruebas cutáneas (pruebas de prick) son el método diagnóstico más útil en la mayoría de alergias. A pesar de lo que piensan algunas personas, no son dolorosas y se pueden realizar a cualquier edad.

Antes de realizar las pruebas cutáneas de prick el paciente debe haber dejado de tomar medicaciones antialérgicas de tipo antihistamínico, ya que de lo contrario la piel no responde adecuadamente. Para comprobar que la piel responde adecuadamente se hace una prueba cutánea con histamina (**control positivo**), que debe producir una pápula (hinchazón), enrojecimiento y leve picor. También se realiza una prueba con suero fisiológico (**control negativo**), que no debe inducir ninguna respuesta, para comprobar que la piel no está demasiado reactiva y no produce pápula y eritema con cualquier sustancia.

Se utilizan unos extractos comercializados que contienen los alérgenos que se desea probar. Las baterías de alérgenos que se utilizan normalmente son los que aparecen en la siguiente tabla:

Alérgenos respiratorios	Alérgenos alimentarios
Ácaros del polvo	Huevo
Hongos de la humedad	Leche
Epitelios de animales	Frutos secos
Polen de plantas y árboles	Frutas
	Vegetales
	Pescado
	Marisco

Otros alérgenos utilizados cuando se sospecha una alergia a ellos son: látex (goma), veneno de abejas o avispas, anisakis (parásito del pescado), etcétera.

Para hacer la prueba se coloca una gota del extracto encima de la piel del antebrazo, y se punciona muy ligeramente la piel con una lanceta. Así, reproducimos a pequeña escala la reacción alérgica y, tal como se ha explicado antes, al penetrar el alérgeno bajo la piel entra en contacto con la IgE de la superficie del mastocito que se activa y libera las sustancias que producen la reacción alérgica (los mediadores, entre los cuales destaca la histamina). Como consecuencia, se producirá una pápula (hinchazón) y un eritema (enrojecimiento).

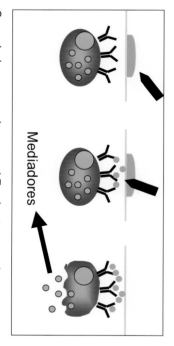

Cuando han pasado unos 15 minutos, podemos ver y medir la reacción que se ha producido en la piel.

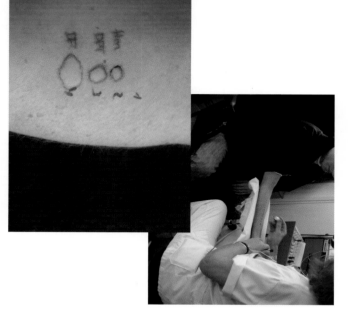

A veces, los extractos comerciales existentes no funcionan tan bien como sería deseable (es el caso de algunos vegetales y frutas) o puede ocurrir que el extracto de algún alimento no exista. Entonces se realiza la prueba con el alimento fresco. Es lo que se denomina la prueba de **prick-prick**.

Una vez tenemos los resultados, deben ser interpretados según la historia clínica del paciente, ya que no todas las pruebas positivas significan que el paciente sea alérgico.

Pruebas epicutáneas (pruebas de parche)

Las pruebas epicutáneas o de parche se usan para el diagnóstico de las dermatitis de contacto. Se trata de colocar en la espalda del paciente unos parches adhesivos con diferentes sustancias que frecuentemente producen alergia por contacto directo; estos parches se retiran a las 48 horas y el resultado definitivo se obtiene a las 96 horas. Una prueba positiva reproduce la inflamación alérgica cutánea con enrojecimiento y descamación de la piel, tal como se representa en la figura.

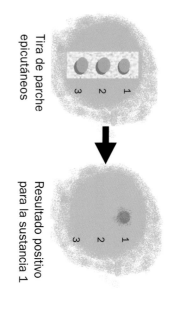

Tira de parche
epicutáneos

3 2 1

Resultado positivo
para la sustancia 1

3 2 1

En función de la historia clínica del paciente se deciden las sustancias que se van a aplicar. Así, se tienen diferentes grupos de posibles sustancias «sospechosas» para probar: batería estándar (general), metales, productos de peluquería, productos cosméticos, etcétera.

La interpretación de los resultados debe ser realizada por profesionales con amplia experiencia, ya que no siempre es sencillo.

Analítica de sangre

En la sangre de los individuos con alergia del tipo inmediato (en contraposición a la del tipo retardado, como la dermatitis de contacto) existe una IgE específica contra aquello a lo que se es alérgico. Esta IgE se puede medir mediante un análisis de sangre en el laboratorio, que sive para confirmar o descartar algunos resultados de las pruebas cutáneas o para detectar alergias en casos en los que dichas pruebas no se puedan realizar. Al igual que sucede con el resto de pruebas, éstas deben interpretarse siempre según las particularidades de cada caso.

Además, puede ser útil para buscar otros factores relacionados con la enfermedad alérgica. Por ejemplo, es típico encontrar niveles elevados de eosinófilos —un tipo de células sanguíneas— en los pacientes asmáticos y en los que sufren otras alergias. En el caso de la urticaria crónica, puede ser necesario descartar un trastorno de las hormonas tiroideas. En los casos de angioedema, resulta conveniente ver si los factores del complemento (Inhibidor del C1 y C4) son normales, para poder descartar o confirmar un angioedema hereditario por déficit de Inhibidor de C1. En los casos de anafilaxia de repetición, se debe medir la triptasa en sangre para descartar la mastocitosis sistémica. La triptasa es una sustancia contenida en los mastocitos, y se ve aumentada en estos casos.

Pruebas de función pulmonar

Para saber cómo funcionan los bronquios se utilizan las pruebas de función pulmonar. La prueba más común es la **espirometría basal forzada**, en la que se mide lo máximo que puede inspirar (coger aire) y espirar (soplar) el paciente con un espirómetro. Los valores del paciente se comparan por medio de unas tablas con los que le corresponderían por edad, peso y talla. Si son inferiores a lo normal, significa que los bronquios están «cerrados» (broncospasmo) y que puede tratarse de asma.

Después, se puede administrar un broncodilatador inhalado (un fármaco que abre los bronquios) y si estos valores mejoran, nos confirman que había broncospasmo. Es lo que se conoce como **prueba de broncodilatación.** Si esta prueba no da unos resultados claros, se puede probar con la administración de un fármaco inhalado que «cierra» los bronquios (metacolina). El paciente no suele notar efecto alguno, o como mucho presenta síntomas leves de asma; sin embargo el espirómetro sí puede medir una disminución en el flujo de aire espirado. Esta es la prueba de **provocación bronquial.**

Pruebas de inflamación bronquial

Recientemente se han incorporado al diagnóstico del asma unas pruebas para medir el grado de inflamación de los bronquios. Las principales son el recuento de eosinófilos en esputo, el óxido nítrico exhalado y el condensado de aire espirado.

El recuento de **eosinófilos en esputo** se realiza induciendo la expectoración del paciente mediante la inhalación de suero salino. Una vez recogido el esputo, se analiza microscópicamente para mirar cuantos eosinófilos contiene. Este recuento nos informa sobre el grado de inflamación y ayuda a indicar el tratamiento más adecuado.

La medición del **oxido nítrico exhalado** se realiza mediante unos aparatos específicos que recogen el aire espirado y miden la concentración de oxido nítrico. Según los niveles del mismo, se puede tener una idea del grado de inflamación y de la respuesta al tratamiento. Actualmente, muchos centros disponen ya de esta técnica para uso rutinario.

La recogida del **condensado de aire espirado** mediante una técnica específica permite determinar en el mismo diversas sustancias que pueden ser relevantes en los mecanismos del asma bronquial. Se trata de una técnica de investigación que aun no se usa de forma habitual en la asistencia a pacientes.

Control del flujo espiratorio máximo

Medir el flujo espiratorio máximo es un método sencillo y útil para saber cómo funcionan los bronquios. Se realiza soplando lo más fuerte que se pueda con un aparato muy simple, denominado «medidor de flujo espiratorio», que se puede tener en casa.

Los resultados nos indicarán si los bronquios están «cerrados» o no en aquel momento y si varían con el tratamiento, con la exposición a alérgenos, etcétera. Los resultados se apuntan en una cartilla que nos permitirá analizar el estado del paciente asmático durante un período de tiempo. Además, sirven para que el paciente pueda evaluar él mismo cómo se encuentra y, según las indicaciones de su médico, aumentar o disminuir el tratamiento. También permite evaluar la gravedad de una crisis de asma.

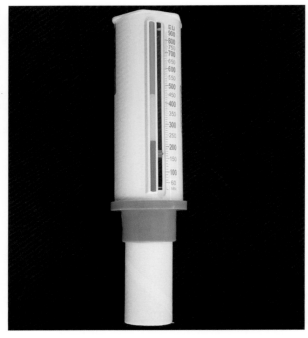

Medidor de flujo espiratorio.

Pruebas de exposición

En algunos casos, como por ejemplo en el caso de la alergia a medicamentos o a alimentos, puede ser necesario hacer una prueba de exposición al alérgeno sospechoso. Esta prueba sirve para comprobar los síntomas de alergia que se producen (si se produce alguno) o para comprobar que esa sustancia no produce alergia. Normalmente, se compara la reacción que produce la sustancia «sospechosa» con la reacción producida por una sustancia no relacionada (placebo).

Para realizar la prueba de exposición, es necesario que ésta se explique bien al paciente, advirtiéndole de los posibles riesgos, y haciendo que firme un documento escrito que se llama **consentimiento informado.** El paciente debe hallarse muy estable para realizar este tipo de pruebas y, por ello, se suele realizar previamente un cuestionario, una exploración física y una medición de algunas constantes como la tensión arterial o la función respiratoria. Asimismo, durante toda la prueba se irán evaluando dichas constantes para ver si hay alguna modificación.

Como estas pruebas conllevan el riesgo de inducir una reacción alérgica, siempre deben realizarse en un centro médico preparado para resolver cualquier contingencia y bajo una estricta supervisión del personal sanitario.

Pruebas diagnósticas utilizadas en medicina alternativa

Muchos pacientes con problemas de alergia consultan a profesionales de la medicina alternativa (homeopatía, fitoterapia, medicina natural, etcétera). Algunos de estos profesionales emplean pruebas para diagnosticar a sus pacientes alérgicos que son diferentes de las usadas en la medicina convencional. Los estudios científicos realizados no han demostrado que estas técnicas sean útiles para diagnosticar enfermedades alérgicas. Además, como se verá a continuación, se basan en unos conceptos no probados. Describiremos a continuación algunas de estas pruebas diagnósticas.

Kinesiología aplicada

La kinesiología aplicada es un método diagnóstico pseudocientífico que se basa en la teoría de que la alergia se manifiesta con debilidad muscular. La prueba diagnóstica se basa en medir manualmente la fuerza muscular antes y después de tener contacto con el posible alérgeno.

Una variante de esta prueba es el test DRIA (*Ricerca intollerranze alimentaria*). En este caso, el alérgeno se prueba mediante un extracto sublingual y la fuerza muscular se mide con un ergómetro (aparato para medir fuerza).

Pruebas de citotoxicidad

Este tipo de pruebas consiste en un análisis median-te el cual una pequeña cantidad de sangre se pone en contacto con el alérgeno, y se mide el cambio de forma y tamaño de las células sanguíneas. Se basa en la suposición de que la alergia a una sustancia provoca una toxicidad tal a las células que modificará su forma. No existe ninguna base científica para esta teoría. La más conocida de estas pruebas es el Alcat.

Pruebas de provocación-neutralización

Consiste en la administración por vía sublingual, sub-cutánea o intradérmica de ínfimas cantidades de alér-geno hasta provocar una «sensación». Después se continúa la administración hasta que desaparecen los síntomas. No hay ninguna explicación científica para este tipo de pruebas, además de suponer un riesgo para el paciente si realmente es alérgico a la sustancia.

Electroacupuntura, prueba electrodérmica, diagnóstico de funciones bioeléctricas y técnica reguladora de bioenergía

Estas pruebas utilizan aparatos que miden la resis-tencia eléctrica de la piel (por ejemplo, el aparato VEGA I-III). No se ha demostrado que sirvan para diag-nosticar alergia de ningún tipo.

Bioresonancia

La bioresonancia se basa en la creencia de que los seres humanos emiten ondas electromagnéticas que pueden ser «buenas» o «malas» y de que unos aparatos como, por ejemplo el Bicom, pueden detectarlas y devolverlas al paciente debidamente rehabilitadas. Esta creencia carece de cualquier base científica.

Análisis del pelo

Consiste en analizar la estructura y la composición del pelo para diagnosticar las alergias. Tampoco tiene ninguna base científica.

Análisis del pulso

Esta prueba consiste en detectar alteraciones en el pulso inducidas por el contacto con un posible alérgeno. No existen estudios que demuestren su utilidad.

DIAGNÓSTICO

Puntos clave:

- En las enfermedades alérgicas el médico tiene que actuar como un detective: primero tiene que buscar un sospechoso y después tiene que demostrar que es el culpable.

- Es muy importante recoger toda la historia clínica del paciente de forma detallada; esto implica que se harán muchas preguntas sobre cosas tan diversas como las características del domicilio o en qué meses aparecen los síntomas.

- Mediante las pruebas cutáneas o los análisis de sangre se comprueba si existe alergia o no.

- Otras pruebas ayudan a determinar la gravedad de la afectación y a confirmar definitivamente la alergia.

5. Prevención

La prevención es el punto clave en muchas enfermedades, pero tiene especial relevancia en el caso de la alergia. Este es uno de los motivos por los cuales los alergólogos intentan localizar los alérgenos causantes de los síntomas del paciente, para así poder evitarlos.

Prevenir la aparición de la alergia

La **prevención primaria** consiste en intentar evitar la aparición de la alergia. Este tipo de prevención se aconseja a las familias en las que uno o ambos progenitores son alérgicos.

¿Qué contestamos a unos padres que quieren saber lo que pueden hacer para que su bebé no sea alérgico? Los estudios realizados no han podido demostrar claramente que una **dieta** que evite los alérgenos alimentarios durante el embarazo disminuya la probabilidad de que el recién nacido desarrolle alguna alergia, por lo que actualmente no se recomienda. Durante la lactancia, este tipo de dieta podría disminuir ligeramente la posibilidad de que el bebé presente una dermatitis atópica. En este período de lactancia sí parece claro que es conveniente:

• Mantener la lactancia materna un mínimo de 4-6 meses.

• Si no es posible, en niños de alto riesgo (con antecedentes familiares de alergia) se recomienda utilizar fórmulas hipoalergénicas hidrolizadas.

• Aplazar la introducción de alimentos sólidos hasta los 6 meses.

Otro aspecto importante es la exposición al **humo del tabaco** durante el embarazo y la infancia. Se sabe que es un factor de riesgo para que el bebé desarrolle sibilancias (pitos en el pecho) o asma, especialmente si la madre es fumadora. Además, parece que favorece la aparición de nuevas sensibilizaciones (nuevas alergias). Los bebés que se desarrollan en un ambiente con humo de tabaco presentan más probabilidad de presentar funcionalidad respiratoria reducida. Por ello, hay que evitar que la mujer embarazada, los bebés y los niños estén en ambientes con humo.

En cuanto a la exposición a alérgenos, la evitación de los ácaros del polvo durante la primera infancia puede beneficiar a los niños de alto riesgo alérgico (padres o hermanos alérgicos). No queda claro si evitar las mascotas también tiene el mismo efecto beneficioso, ya que los resultados de diferentes estudios son discordantes. Por ello, es difícil dar una recomendación específica.

Prevenir la aparición de síntomas y complicaciones

Para evitar la aparición de síntomas, a continuación repasaremos las recomendaciones según cada alérgeno o manifestación clínica.

Ácaros del polvo

Los ácaros son unos insectos microscópicos que viven en el polvo. No se pueden ver a simple vista, pero sí con una lupa potente o un microscopio. Son la causa más frecuente de alergia respiratoria en general. Los alérgenos que producen están presentes en sus heces; de hecho, las partículas fecales son las que pueden quedar en suspensión en el aire y ser respiradas, induciendo la alergia.

Los ácaros son la causa más frecuente de alergía respiratoria en general.

Habitan en el polvo de domicilios, graneros, establos, etcétera y se alimentan de restos orgánicos como descamación de la piel o pelos. El nombre del ácaro más común, el *Dermatophagoides*, significa literalmente «que come piel». Se acumulan en tapicerías, colchones, almohadas y alfombras evitando la luz. Para sobrevivir precisan unas condiciones de temperatura entre 20 y 30° C y una humedad ambiental elevada del 70-80%. Por ello son más frecuentes en zonas costeras que en el clima seco del interior.

Existen muchas especies que varían de una región a otra. Los más frecuentes son los *Dermatophagoides*.

Aunque es imposible erradicar totalmente su presencia, las siguientes medidas pueden ayudar a dismi-

PREVENCIÓN

nuir la concentración de ácaros. Es importante aplicarlas especialmente en el dormitorio del paciente.

Consejos en caso de alergia a los ácaros del polvo

• Colocar fundas oclusivas transpirables anti-ácaros en colchones y almohadas.

• Lavar semanalmente la ropa de cama en agua caliente a una temperatura superior a 60° C.

• Los objetos que acumulan polvo como libros, figuras, etcétera, deben colocarse en armarios cerrados o cajones. El dormitorio debe contener exclusivamente los objetos y muebles imprescindibles.

• Evitar los muñecos de peluche.

• Si se utilizan literas, es preferible que el paciente utilice la litera superior.

• Colocar la ropa en armarios cerrados. Cuando se saque la ropa de la temporada debe lavarse para eliminar el polvo acumulado.

• Si se usan sacos de dormir, es preferible que sean de material acrílico, y que se laven y aireen con frecuencia.

• Evitar ir a segundas viviendas que han permanecido cerradas antes de que se realice una limpieza adecuada. Es preferible ir de vacaciones a lugares a más de 1.000 metros sobre el nivel del mar, donde debido a la baja humedad ambiental apenas sobreviven los ácaros.

- Para limpiar, usar una bayeta húmeda o de tejido especial evitando levantar el polvo. Si es el paciente quien limpia, debe usar una mascarilla protectora.

- Es preferible pasar el espirador a barrer. El aspirador debería estar equipado con filtros de alta eficacia (filtros HEPA).

- Retirar moquetas y alfombras, y utilizar cortinas fácilmente lavables. Es mejor evitar muebles tapizados con telas, siendo preferibles las tapicerías de piel natural o sintética.

- Reducir la humedad relativa ventilando el domicilio y, si es preciso, utilizar un deshumidificador.

- Evitar tener animales domésticos con pelo y, en todo caso, impedir su entrada al dormitorio.

- La tapicería del coche debe aspirarse con frecuencia.

- Aunque su eficacia es controvertida, se pueden utilizar productos que matan los ácaros y reducen temporalmente su población viviente. Las medidas de limpieza descritas deberán aplicarse igualmente en este caso.

Polen de plantas

Los granos de polen de las plantas son unas pequeñas estructuras que contienen la información genética masculina que fecundará al gameto femenino para dar lugar al fruto. El polen tiene que desplazarse has-

PREVENCIÓN

ta la parte femenina de las flores y lo puede hacer mediante dos sistemas:

- A través de insectos, pegándose a los pelos de sus patas, por ejemplo. Las plantas que utilizan este sistema de polinización se llaman **entomófilas**.

- A través del aire, vehiculados por el viento. Es este tipo de polen, el que está en suspensión en el aire, el que es susceptible de producir alergia. Las plantas con este sistema de polinización se denominan **anemófilas**.

Debido a las características climáticas y geográficas específicas de cada zona, los tipos de plantas que producen alergia son diferentes. En España los tipos de pólenes que producen alergia con más frecuencia son:

- Gramíneas: son las hierbas que producen espigas. Su polen aparece en los meses de mayo a julio.

- Parietaria: se trata de una mala hierba que crece en las paredes de zonas urbanas y que poliniza entre marzo y octubre.

- Plátano de sombra: árbol muy frecuente en jardines y paseos de zonas urbanas. Poliniza en abril.

- Ciprés: especie muy común formando parte de setos o jardines que poliniza en diciembre-enero.

- Olivo: presente especialmente en Andalucía y Extremadura. Poliniza en mayo-junio.

- Otros pólenes menos frecuentes: Plantago, Cheno-podiáceas, abedul, etcétera.

Calendario de polinización de las principales plantas alergénicas en España

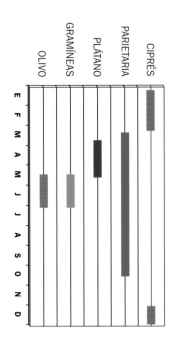

Consejos en caso de alergia a pólenes

- Mantener cerradas las ventanas por la noche. Utilizar aire acondicionado con filtros.

- Disminuir las actividades al aire libre entre las 5 y 10 de la mañana (emisión de pólenes) y de 7 a 10 de la tarde (período de descenso del polen desde la atmósfera, al enfriarse el aire).

- Mantener las ventanillas cerradas al viajar en coche. Poner filtros al aire acondicionado del automóvil.

- Mantenerse el máximo tiempo posible dentro de casa durante los días con mayores concentraciones de polen. Durante el período álgido de polinización evitar salir, especialmente los días ventosos.

PREVENCIÓN

- Tomar vacaciones durante el período álgido de polinización, escogiendo una zona libre de pólenes (la playa).
- Tomar la medicación prescrita por su alergólogo.
- Evitar cortar el césped o tumbarse encima.
- No secar la ropa en el exterior durante los días con altos recuentos; el polen puede quedar atrapado en ella.
- Usar gafas de sol cuando salga.
- Seguir los recuentos de pólenes.

Epitelios de animales

El pelo y la caspa de los animales pueden producir alergia. El gato es más alergénico que el perro. Otros animales que también pueden producir alergia son hámsteres, ratones, conejillos de indias, caballos, etcétera.

Los alérgenos de estos animales están en suspensión en el aire, se pueden adherir a la ropa de las personas que están en contacto con ellos y también ser transportados a lugares donde no se hallan los animales. Por ello, es difícil evitar de forma absoluta el contacto con estos alérgenos.

Consejos en caso de alergia al epitelio de animales

- Evitar tener mascotas en el domicilio.

- No permitir que los animales domésticos entren en el dormitorio.
- No permitir que las mascotas suban a sofás y butacas.
- Lavar a los animales domésticos con frecuencia.
- Aplicar un producto que reduzca la liberación de alérgenos del pelo del animal.
- Tener en cuenta que si es alérgico a un animal doméstico, es probable que sea también sensible a otros.

Hongos de la humedad

Con frecuencia, los hongos de la humedad o moho causan alergias en el aparato respiratorio. Las esporas (semillas de los hongos) pueden estar presentes en el aire; su concentración dependerá de factores como la humedad ambiental, la proximidad al mar, ríos o pantanos, la estación del año, etcétera.

Normalmente están en cantidades más elevadas a finales de verano, durante el cambio de estaciones, en edificios húmedos o poco soleados, en sótanos o en habitaciones con humedades. También están presentes en la tierra húmeda de macetas, cubos de basura, aparatos de aire acondicionado y humidificadores.

Los hongos que producen alergia con más frecuencia son la *Alternaria*, el *Aspergillus*, el *Penicillium* y el *Cladosporium*.

Consejos para personas con alergia a hongos

- Reparar filtraciones y limpiar superficies enmohecidas. Pintar con pintura anti-moho.

- Evitar el uso de humidificadores.

- Usar aire acondicionado y deshumidificadores para reducir la humedad ambiental por debajo del 50%.

- Limpiar los filtros de aire acondicionado con frecuencia y realizar el mantenimiento recomendado por los instaladores (1 o 2 veces al año).

- Es preferible tener un dormitorio muy seco y soleado; evitar las habitaciones interiores.

- Ventilar el dormitorio cada día.

- Limpiar con frecuencia los lugares donde se puedan desarrollar los hongos, como la nevera, los cuartos de baño y la cocina. La lejía diluida es un buen limpiador para las humedades.

- Evitar las plantas de interior.

Alimentos alergénicos

Algunos alimentos que producen alergia son muy fáciles de evitar porque se reconocen con facilidad, como por ejemplo el pescado. Sin embargo pueden estar presentes como ingredientes que pasan inadvertidos. Los siguientes consejos van dirigidos a intentar evitar estos «alérgenos enmascarados».

Consejos en caso de alergia al huevo

Los siguientes ingredientes pueden indicar la presencia de huevo:

Albúmina - Emulgente - Coagulante - Clara - Yema - Homogeneizante - Globulina - Lecitina - Livetina - Lisozima - Ovoalbúmina - Ovomucina - Ovomucoide - Ovovitelina - Huevo en polvo - Vitelina - Huevo entero

La mayoría de pacientes con alergia al huevo toleran perfectamente la carne de pollo. No obstante, el alergólogo valorará la posibilidad de que exista alergia a la misma.

Consejos en caso de alergia a las proteínas de la leche de vaca

- En el caso de niños lactantes, las fórmulas de leche de vaca deben sustituirse por fórmulas de soja, fórmulas hidrolizadas o fórmulas elementales. Otros preparados dietéticos llamados leches vegetales, como son los preparados de almendras o los batidos de soja no están indicados en la alimentación del niño pequeño.

- Debe eliminarse de la dieta la leche de vaca y todos sus derivados lácticos: yogur, queso, flanes, crema, cuajada, mantequilla, nata, crema de leche, arroz con leche, algunos caramelos, etcétera.

- Hay que leer con detenimiento las etiquetas de los alimentos. Dentro de una misma categoría de productos, unos pueden contener proteínas de leche de vaca (PLV) y otros no.

- Las PLV pueden encontrarse bajo diferentes denominaciones: leche, caseinato de calcio, caseinato potásico, caseinato magnésico, hidrolizado proteico, caseína, suero láctico, H4511, H4512, lactoalbúmina, lactoglobulina, ácido láctico.

- En la elaboración de pan de panadería, pan de molde o de Viena se utiliza este tipo de sustancia. Hay que ir con cuidado con estos productos e informarse debidamente de su composición en el lugar de compra habitual.

- Los productos etiquetados como «no lácticos» pueden contener caseinatos.

- Informar convenientemente de la alergia que presenta vuestro hijo o hija a todas las personas que puedan intervenir en su alimentación, e informarles de la conducta que hay que seguir para eliminar las PLV de su dieta.

- La lactosa es un azúcar y no debería causar problemas, pero en el caso de que fuera de origen animal podría estar contaminada con PLV.

- Los pacientes con alergia a la leche de vaca frecuentemente tienen alergia a la leche de otros animales, como la de cabra o de oveja, así que hay que valorar esta posibilidad antes de utilizarlas como alternativa.

- La mayoría de pacientes alérgicos a la leche de vaca toleran la carne de ternera; de todos modos el

79

alergólogo debe valorar la posibilidad de que exista alergia a la misma.

Anisakis simplex

El anisakis simplex es un gusano (nematodo) que parasita a muchos pescados. El hombre puede padecer la enfermedad (anisakiasis) al ser huésped accidental de la larva del anisakis. Esta parasitación se ha asociado directamente con la ingesta de pescado en estado crudo (salazón, ahumado, en vinagre) o poco cocinado.

Los cuadros clínicos producidos por el anisakis se dividen en dos grupos:

- Los que únicamente cursan con síntomas digestivos por la parasitación (anisakiasis), pudiendo manifestarse como dolor en el estómago, nauseas o vómitos.

- Otros en los que se desarrollan manifestaciones cutáneas o síntomas generales de una reacción alérgica, que puede ir desde una urticaria hasta una reacción alérgica grave (shock anafiláctico).

Consejos en caso de alergia al anisakis

- Evitar radicalmente la ingesta de pescado crudo (sobre todo, en nuestra cultura, el boquerón en vinagre) o poco cocinado, incluyendo salazones, ahumados, escabeche, o cocinados de forma inadecuada en el microondas o a la plancha.

- Someter el pescado a congelación a –20° C durante 72 horas. Se recomienda el pescado congelado en alta mar o ultra congelado, donde se eviscera precozmente y la posibilidad de parasitación de la carne es menor.

- Debe ser cocinado alcanzando temperaturas superiores a 60°. Por tanto, el pescado «a la plancha» suele resultar insuficiente.

- Es preferible la ingesta de colas de pescados grandes, procurando evitar áreas ventrales cercanas al aparato digestivo del pescado.

- La posibilidad de establecer normas más estrictas, incluyendo la prohibición absoluta de ingerir pescados y cefalópodos, debe ser valorada por cada alergólogo dependiendo de la historia clínica y el grado de sensibilización del paciente.

Veneno de avispas y abejas

Los venenos de los himenópteros, como las abejas y las avispas, contienen sustancias tóxicas que al ser inyectadas mediante una picadura producen una reacción inflamatoria local de intensidad variable. Pero además, en algunos individuos pueden producir reacciones alérgicas. Los síntomas pueden ser leves en estos casos, en forma de urticaria y angioedema (hinchazón), o graves (shock anafiláctico).

Los individuos alérgicos al veneno deben llevar consigo la medicación necesaria para poder tratar una posible reacción en caso de picadura.

Consejos en caso de alergia a veneno de himenópteros

- Tener en cuenta que el riesgo de picaduras aumenta en verano.

- Evitar estar cerca de contenedores de basura, flores, plantas y frutas; evitar los trabajos de jardinería sobre todo si se llevan partes del cuerpo al descubierto (manga corta, sandalias, etcétera).

- Evitar movimientos bruscos en presencia de insectos. La mayor parte de los insectos no pica si no son provocados.

- Los vestidos con colores llamativos y los perfumes atraen a los insectos. No llevar ropas anchas que permitan entrar a los insectos. Llevar siempre zapatos al salir de casa.

- No comer ni beber al aire libre; revisar la zona para evitar estar cerca de colmenas y hormigueros.

- Los nidos y las colmenas situadas alrededor de la vivienda no deben ser destruidos por el mismo paciente.

- Al conducir, comprobar siempre que no hayan entrado insectos en el vehículo; durante el viaje, mantener las ventanas cerradas.

- Los repelentes de insectos pueden no ser totalmente efectivos.

- La inmunoterapia no anula las otras medidas de prevención.
- Llevar siempre un brazalete identificador.
- Llevar siempre el tratamiento de emergencia que haya indicado el médico (especialmente si el riesgo es importante). Enseñar a los familiares y a los compañeros a utilizarlo. Controlar la fecha de caducidad.
- Ir a un servicio médico inmediatamente después de la administración del tratamiento de emergencia.

Látex

El látex es una proteína natural que se obtiene de la savia del árbol Hevea brasiliensis y que se utiliza ampliamente en la fabricación de productos de goma.

Algunas personas pueden desarrollar alergia al látex, especialmente cuando el contacto con esta sustancia es frecuente. Esto le puede ocurrir a pacientes portadores de sondas urinarias o que han sido intervenidos quirúrgicamente en múltiples ocasiones, o a profesionales sanitarios que utilizan guantes de látex.

Los síntomas por alergia inmediata al látex son urticaria de contacto, asma o rinoconjuntivitis. En caso de contacto masivo con el látex, como ocurre en procedimientos médicos y quirúrgicos, se puede producir una reacción grave del tipo shock anafiláctico. También puede producirse una alergia retardada en forma de eczema de contacto, que suele deberse a los aditivos de la goma.

La proteína del látex tiene similitud con las proteínas de ciertas frutas, como el plátano, la castaña, el aguacate o el kiwi, y al ingerirlas un paciente alérgico al látex puede presentar síntomas por reactividad cruzada.

Consejos en caso de alergia al látex

Evitar el contacto con todos los objetos de látex.

- Objetos de uso cotidiano que contienen látex: globos, guantes, preservativos, chupetes y tetinas, celo, pegamento, colchones elásticos, suelas de zapatos, mangueras, gomas de borrar, tejidos elásticos, mando del televisor, etcétera.

- Objetos de uso sanitario que contienen látex: guantes, sondas, tiritas, manguitos de tensión arterial, máscaras de reanimación y de oxígeno, esparadrapo, tapones de medicamentos, etcétera.

- Ante la duda, desconfiar de todo producto elástico, principalmente de paredes delgadas.

- Llevar medalla o pulsera de alerta que indique claramente la alergia al látex.

- Advertir siempre de la alergia al látex antes de cualquier exploración, visita, prueba, cura médica o

PREVENCIÓN

dental, intervención quirúrgica, para que puedan atenderle en un ambiente libre de látex.

- Disponer siempre de los medicamentos que paute el alergólogo: antihistamínicos, corticoides o dispositivos autoinyectables de adrenalina, especialmente ante situaciones comprometidas, lugares nuevos, excursiones o viajes.

- Tras tocar un objeto de látex hay que evitar tocarse posteriormente los ojos, la boca u otras mucosas. Este tipo de contacto puede desatar una reacción importante.

- No sólo el contacto físico, sino también la inhalación del «polvo» de los guantes o de los globos puede provocar una reacción alérgica.

- Tenga en cuenta que muchos alérgicos al látex lo son también a frutas como el plátano, el kiwi, la castaña o el aguacate. Evite estas frutas si le producen alergia y consulte a su alergólogo en caso de duda.

- Evitar tener en casa ficus, ponsetias y otras plantas que desprenden «leche» al estrujar sus hojas o rasgar el tallo. La similitud de este látex con el del caucho natural puede provocar reacciones.

Níquel

El níquel es un metal que forma parte de numerosas aleaciones. Es la causa más frecuente de dermatitis de contacto alérgica.

Consejos en caso de alergia al níquel

- El níquel se encuentra en la mayoría de los objetos que llevan un baño metálico, como bisutería, utensilios de cocina, herramientas, etcétera.

- Evitar ropa con hebillas, botones o cremalleras metálicas.

- Como alternativa, utilizar objetos de aluminio, hierro, platino, plata de ley británica, acero inoxidable u oro amarillo.

- Utilizar instrumentos y utensilios con mangos de madera o forrados con plástico.

- Puede utilizarse un esmalte de uñas transparente para pintar los objetos metálicos que no podamos evitar tocar.

- La piel húmeda y macerada facilita la penetración del níquel; mantener las manos secas e hidratadas.

Consejos para dejar de fumar

Si usted ha decidido dejar de fumar, ¡felicidades! Es la mejor decisión que puede tomar para mejorar su salud. Los siguientes consejos le pueden ayudar.

- Decida 3 razones importantes para dejar de fumar y repáselas con frecuencia (por ejemplo: su salud, la familia, y el tiempo y dinero que malgasta).

- Prepare una lista con los beneficios de dejar de fumar.

- Conozca su perfil de fumador:
  - ¿A qué horas fuma?
  - ¿Qué le ha motivado para encender este cigarrillo?
  - ¿Qué actividad realiza cuando fuma?
- Escoja un día para dejar de fumar totalmente: este será el día D.
- A partir del día D, si tiene ganas de fumar, realice alguna de las actividades alternativas que se citan a continuación.
  - Beba agua o cítricos.
  - Haga ejercicios de relajación, descanse.
  - Coma verduras crujientes: apio, zanahoria, etcétera.
  - Cambie de actividad.
  - Salga a andar.
- Evite la fatiga.
- Si está ansioso, llame a un amigo o conocido que pueda apoyarle.
- Revise las razones para dejar de fumar.
- Revise los beneficios conseguidos por dejar de fumar.
- Hágase un regalo por cada día que no fume.
- ¡Ocupe su mente con cosas positivas!

Si recae, no se trata de un fracaso, sino de un pequeño retraso; vuelva a empezar. Si necesita más ayuda, su médico le puede indicar centros de deshabituación tabáquica.

Puntos clave:

- En las enfermedades alérgicas, prevenir la aparición de síntomas es esencial, aunque no siempre es posible evitar todos los alérgenos.

- No hay que obsesionarse; un alérgico debe llevar una vida normal, con las mínimas restricciones imprescindibles, ¡no debe vivir en una burbuja!

- La información adecuada le ayudará a mejorar su calidad de vida.

6. Tratamiento

Vacunas para la alergia

La inmunoterapia o las vacunas con alérgenos constituyen el tratamiento específico de las enfermedades alérgicas. Se basan en administrar al paciente la sustancia a la que es alérgico en cantidades crecientes, de forma que se induce «tolerancia» a la misma. Así el alérgeno dejará de provocar síntomas y el paciente requerirá menos medicación, y en algunos casos incluso «se curará».

Desde que se empezaron a utilizar a principios del siglo XX, las vacunas para la alergia han evolucionado mucho. De los extractos realizados a partir de fuentes alergénicas poco precisas (por ejemplo, polvo doméstico), se ha pasado a extractos muy bien purificados, de los cuales se conoce la composición molecular de los diferentes alérgenos.

El mejor control por parte del alergólogo y una correcta indicación terapéutica ha hecho que, en la actualidad, la inmunoterapia sea un tratamiento muy eficaz y seguro y el único tratamiento de la causa que puede alterar el curso natural de las enfermedades alérgicas.

La inmunoterapia se utiliza para tratar la rinoconjuntivitis alérgica, el asma alérgica y la alergia al veneno de himenópteros (abejas y avispas). La Organización Mundial de la Salud afirma que se ha comprobado la eficacia de las vacunas en estas enfermedades. De momento, aún no está demostrada su eficacia en la dermatitis atópica. Tampoco existen aún vacunas para tratar la alergia alimentaria, aunque se está investigando mucho en este aspecto.

Indicaciones y contraindicaciones de la inmunoterapia

Para indicar un tratamiento con vacunas deben cumplirse dos requisitos:

- La demostración de que los síntomas de la enfermedad están producidos por la sensibilización del paciente al alérgeno, lo cual puede ser complicado en algunos pacientes polisensibilizados a varios agentes.

- La disponibilidad de extractos alergénicos de alta calidad, bien caracterizados y estandarizados.

Asimismo, existen una serie de contraindicaciones que deben ser consideradas por el alergólogo antes de indicar un tratamiento con vacunas:

- Embarazo: no está contraindicada la continuidad de la inmunoterapia, pero no se debe comenzar su administración durante la gestación.
- Enfermedades inmunopatológicas e inmunodeficiencias severas.
- Enfermedades tumorales.
- Trastornos psicológicos severos.
- Asma grave o mal controlado.
- Cualquier enfermedad que contraindique el uso de adrenalina.
- Mal cumplimiento terapéutico.

Tipos de vacunas y pautas de administración

La forma más habitual de administración de las vacunas de la alergia es la inyección por **vía subcutánea**. Este procedimiento debe realizarse siempre en un centro médico. En este caso, el extracto se inyecta justo debajo de la piel, con una aguja muy fina y en pequeña cantidad; normalmente se aplica en la zona posterior-externa del brazo (unos 5 centímetros por encima del codo). El brazo de aplicación se va alternando en cada dosis.

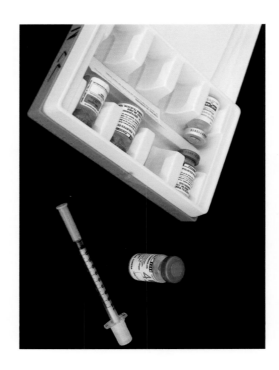

Las vacunas tienen que aplicarse en dosis crecientes al inicio, hasta llegar a la dosis de «mantenimiento» (la que se administrará de forma periódica durante unos años). En el período de inicio, las dosis se pueden ir administrando cada semana (**pauta convencional**) o se pueden agrupar varias dosis en el mismo día (**pauta agrupada o pauta cluster**) para llegar al mantenimiento en un período más breve de tiempo.

Cuando se llega a la dosis de mantenimiento se espacia su administración, aplicándose normalmente una vez al mes entre 3 y 5 años. Se considera que entonces ya se han inducido los cambios inmunológicos necesarios para reducir los síntomas de la alergia.

Actualmente, existen extractos de vacunas para administrar por **vía sublingual**. En este caso, se colocan una o varias gotas debajo de la lengua durante unos minutos; después se escupen o tragan. Deben utilizarse varios días por semana, y algunas cada día. Tienen la ventaja de evitar las inyecciones y, por lo tanto, son útiles en los casos de «fobia a las agujas» o en casos en que el paciente no pueda desplazarse a un centro médico de forma periódica. Sin embargo, es más difícil cumplir bien el tratamiento que con las vacunas subcutáneas, en las que se administra una sola dosis mensual.

Se ha intentado poner en marcha otras vías, como la inhalatoria nasal o bronquial, pero debido a los efectos adversos, se han abandonado.

Efectos adversos de la inmunoterapia subcutánea

Aunque son infrecuentes, hay que ser prudente ante la aparición de posibles efectos adversos debidos a la inmunoterapia. Sus efectos secundarios tienen que ver con la aparición de posibles reacciones alérgicas al extracto administrado, que pueden ser de dos tipos:

1. *Reacciones locales:* Son las más frecuentes y pueden ser inmediatas (antes de 30 minutos) o tardías

(al cabo de varias horas). Producen enrojecimiento e induración en torno al punto de inyección. Se puede aplicar frío local y tomar algún antihistamínico si fueran muy molestas. Raramente es preciso modificar la pauta o suspender el tratamiento.

2. *Reacciones sistémicas o generales:* Son menos frecuentes que las reacciones alérgicas a ciertos medicamentos comúnmente empleados como, por ejemplo, las penicilinas. Suelen ocurrir dentro de los primeros 30 minutos tras la administración del extracto. La mayoría suelen ser leves (urticaria, rinoconjuntivitis, asma leve), pero en ocasiones son más intensas (asma, anafilaxia). Deben ser tratadas de forma inmediata con adrenalina, corticoides y antihistamínicos, según el caso. La administración de un tratamiento adecuado precoz asegura el control de la reacción.

Consejos para la correcta administración de las vacunas de la alergia por vía subcutánea

Los siguientes consejos se basan en los que ha publicado el Comité de Inmunoterapia de la Sociedad Española de Alergología e Inmunología Clínica.

- El extracto debe administrarse en un ambulatorio, centro de salud, hospital, consultorio del especialista, etcétera, con capacidad para poder tratar las posibles reacciones adversas que pudieran aparecer. En ningún caso en el domicilio del paciente.

• El extracto se debe conservar en la nevera, pero nunca en el congelador.

• Respetar los períodos entre cada inyección señalados en la cartilla de seguimiento o indicados por el especialista.

• Antes de la administración debe comprobarse:

   – La fecha de administración de la última dosis y la tolerancia de la misma.

   – Fecha de caducidad.

   – Que el paciente esté clínicamente estable y no exista una situación que contraindique su administración.

• Después de la administración:

   – Anotar siempre la fecha de la dosis, cantidad administrada y vial del que se ha extraído.

   – Tras la administración del extracto, el paciente permanecerá en el centro al menos 30 minutos.

   – Se indicará la fecha de la próxima dosis.

• Técnica de administración del extracto:

   – Deben utilizarse siempre jeringas desechables, graduadas hasta 1 mililitro (los laboratorios fabricantes suelen proporcionarlas en las cajas de los extractos). La aguja deberá ser para uso subcutáneo.

   – La inyección del extracto debe realizarse en la cara externa de los brazos, a media distancia entre el codo y el hombro, alternando el izquierdo con el derecho. Se hará por vía subcutánea (la aguja formará un ángulo oblicuo de unos 45 grados con la piel y la punta estará dirigida hacia arriba), aspirando antes de inyectar la solución con objeto de asegurarse que no se ha invadido un vaso sanguíneo. No se recomienda realizar masaje.

• Debe retrasarse la administración de la vacuna si el paciente padece:

— Infección de vías respiratorias (catarro), fiebre, afección cutánea severa, crisis asmática, hepatitis, tuberculosis activa u otro proceso infeccioso similar.

— Si ha recibido vacuna de virus vivos (triple vírica) en los 10 últimos días.

— Durante el embarazo no se debe comenzar la vacuna, salvo indicación concreta por parte del especialista, aunque puede seguir administrándose si está en fase de mantenimiento con buena tolerancia.

• Está contraindicado administrar la vacuna si el paciente sigue tratamiento con betabloqueantes (atenolol, bisoprolol, carteolol, carvedilol, metoprolol, propanolol, oxprenolol sotalol, etcétera) o colirios para casos de glaucoma.

• Consultar con el alergólogo si presenta contraindicación para la administración de adrenalina por hipertensión mal controlada, cardiopatía, hipertiroidismo o glaucoma.

- Se debe valorar reducir la dosis de la vacuna:

  – Cuando se encuentre en período de polinización y esté recibiendo vacuna de pólenes, consultar la dosis al alergólogo.

  – En caso de reacción local.

  – En caso de retraso en la administración de la dosis correspondiente.

- En caso de reacción sistémica, consultar con el alergólogo.

- Ante cualquier duda, consulte con el alergólogo.

Tratamiento farmacológico

En muchos casos, a pesar de las medidas preventivas o de la inmunoterapia, es necesario disponer de una medicación para aliviar los síntomas o reducir la inflamación producida por la reacción alérgica. Algunos tipos de medicación son eficaces en diferentes expresiones clínicas de la alergia como, por ejemplo, los antihistamínicos, que se utilizan en la rinitis y en la urticaria. Otros son exclusivos para cada una de las enfermedades alérgicas.

Antihistamínicos

Los antihistamínicos son unas sustancias que bloquean la acción de la histamina, que es el principal mediador implicado en las reacciones alérgicas. La histamina puede inducir picor, enrojecimiento, dolor abdominal, estrechamiento de las vías aéreas, estornudos, congestión y secreción acuosa de la nariz.

Los antihistamínicos se utilizan principalmente en la rinoconjuntivitis alérgica y en la urticaria. También se incluyen en el tratamiento de reacciones alérgicas generalizadas y pueden aliviar parcialmente el picor cutáneo en la dermatitis atópica. Sin embargo no tienen un papel importante en el tratamiento del asma bronquial. Se pueden administrar por diversas vías: oral, intravenosa, intramuscular, colirio ocular o spray intranasal.

Cuando se dan por vía oral, que es lo más frecuente, pueden producir somnolencia y disminución de los reflejos. Esto ocurre sobre todo con los más antiguos, pero los de nueva generación carecen de este efecto.

Antiinflamatorios

Las medicaciones antiinflamatorias son útiles en los procesos alérgicos crónicos. Disminuyen la producción y liberación de mediadores inflamatorios y bloquean su actuación. Así, disminuyen los efectos inflamatorios que se producen en los órganos afectados por la alergia y, consecuentemente, reducen los síntomas clínicos. Es un tipo de tratamiento que se debe utilizar de forma regular y no sólo cuando aparecen las crisis.

Corticoides

Los corticoides son los fármacos antiinflamatorios más utilizados en las enfermedades alérgicas. Se administran por vía oral, inyectable y tópica; en forma de crema, inhalador (asma) y spray (rinitis).

Los corticoides tópicos (aplicados localmente donde se requieren, en crema sobre la piel o inhalados) son muy seguros y no suelen producir efectos adversos si se utilizan según las indicaciones del médico. Si se utilizan adecuadamente, no se absorben y no pasan a la circulación sanguínea. En cambio, los corticoides sistémicos (orales o inyectados) pueden tener importantes efectos secundarios si se utilizan en altas dosis y durante períodos largos de tiempo. Estos efectos son:

- Atrofia (adelgazamiento extremo) de la piel, estrías, dilatación de las venas superficiales.
- Osteoporosis (descalcificación de los huesos).

- Diabetes.
- Hipertensión arterial.
- Retraso del crecimiento en niños.
- Pérdida de la función de la glándula adrenal, que en ciertos casos puede inducir un fallo general de diversos órganos.

No obstante, es infundado el temor que tiene mucha gente a recibir tratamiento con corticosteroides. Siempre que es posible se indica un tratamiento localizado y sólo en las situaciones más graves se utilizan por vía sistémica (oral o inyectada). En estos casos, se hace por un período de tiempo lo más corto posible y en las dosis mínimas necesarias.

Cromoglicato sódico y nedocromil

El cromoglicato y el nedocromil son fármacos pertenecientes al grupo de las cromonas. Estos compuestos actúan estabilizando la membrana del mastocito y, por lo tanto, disminuyendo el efecto de los mediadores que contiene. Existen formulaciones tópicas en forma de inhaladores para el asma, sprays para la rinitis y colirios para la conjuntivitis. Con menos frecuencia se utilizan por vía oral. Aunque son menos potentes que los corticoides, tienen la ventaja de que carecen de efectos secundarios, por lo que en casos menos graves pueden resultar una opción útil.

Antagonistas de los receptores de los leucotrienos

Los antagonistas de los receptores de los leucotrienos son un tipo de fármacos, relativamente nuevos, que actúan bloqueando la acción de los leucotrienos. Los leucotrienos son unas sustancias que liberan las células que participan en la reacción alérgica y que poseen una actividad proinflamatoria. Al bloquearlos, disminuye la inflamación. El más conocido de los antileucotrienos es el Montelukast. Están indicados para el asma bronquial, y también tienen cierto efecto beneficioso en la rinitis. Algunos pacientes responden muy bien a este tipo de medicación y, en cambio, otros no lo hacen. No existen datos para saber de antemano si un paciente responderá o no a los antileucotrienos, por lo que es necesario un período de prueba para valorar su efectividad.

Inmunomoduladores

Los fármacos inmunomoduladores son un nuevo tipo de medicamentos en forma de crema que se han aprobado para el tratamiento de la dermatitis atópica. Actúan regulando el sistema inmune. Los dos inmunomoduladores tópicos de aplicación local comercializados son el Tacrolimus y el Pimecrolimus. Están relacionados con otros medicamentos que se administran por vía general (vía sistémica) para evitar el rechazo de órganos transplantados.

Debido a que pueden tener un efecto inhibitorio sobre el sistema inmune cuando se utilizan en altas dosis, se ha planteado la posibilidad de que su fiabilidad no sea óptima a largo plazo, aunque los estudios actuales indican que sí son seguros. Actualmente, deben utilizarse siguiendo estrictamente las indicaciones del médico que los prescriba.

Adrenalina

La adrenalina o epinefrina es el tratamiento más rápido y eficaz para resolver una reacción alérgica generalizada grave. Disminuye el picor, la urticaria, el angioedema y el ahogo cuando se utiliza para tratar una anafilaxia, además de ayudar a recuperar la tensión arterial si está disminuida. Se administra en forma de inyección intramuscular y existe un dispositivo autoinyectable comercializado para facilitar su uso.

Se recomienda que todos los pacientes que hayan padecido una anafilaxia, especialmente cuando la causa no es fácilmente evitable, dispongan de un «kit de emergencia» que contenga adrenalina autoinyectable (idealmente dos unidades, por si es necesaria una segunda administración al cabo de 10-15 minutos, si los síntomas no han cedido). Después, el paciente deberá acudir a un centro médico para control.

Cómo se utiliza la adrenalina autoinyectable

- Saque el autoinyectable de adrenalina.

- No manipule ni toque la zona por donde sale la aguja (tapón negro).

- Coja el dispositivo con toda la mano, como si se tratara del manillar de una bicicleta. La punta negra ha de colocarse hacia el lado del pulgar.

- Con la otra mano, extraiga la tapa gris que cubre la parte trasera del dispositivo.

- Coloque la punta de color negro en la cara exterior del muslo, perpendicular a la piel.

- No es necesario quitarse la ropa (pantalones o falda) previamente, excepto si es muy gruesa.

- Balancee hacia fuera el brazo y después golpee con decisión el muslo con el dispositivo, presionando firmemente hasta que oiga un «clic».

- Mantenga el autoinyectable en este lugar mientras cuenta hasta 10.

- Retire la inyección y masajee la zona durante 10 segundos.

- Llame a Urgencias (061 o bien 112) para solicitar asistencia médica.

- Si los síntomas de alergia persisten y no mejoran, deberá administrarse la segunda inyección de adrenalina.

Su alergólogo le indicará exactamente en qué circunstancias debe utilizarse la adrenalina autoinyectable. Hay que tener en cuenta que, como efecto secundario, la adrenalina le producirá una sensación de nerviosismo, temblor o taquicardia que cederá en pocos minutos.

Broncodilatadores

Los broncodilatadores son medicamentos que aumentan el diámetro de los bronquios que están cerrados debido al asma bronquial, permitiendo que entre y salga mejor el aire. Alivian la sensación de ahogo y los pitidos durante la crisis de asma.

Antes se utilizaban por vía inyectada o por vía oral, pero en la actualidad, casi siempre se utilizan en forma de inhalador.

Los que se utilizan con más frecuencia son los de la familia denominada beta-adrenérgicos. Los hay de acción rápida y de corta duración, como el salbutamol y la terbutalina, que se utilizan para aliviar los síntomas del asma según la necesidad del paciente. Otros, como el salmeterol y el formoterol tienen una duración más prolongada y se utilizan conjuntamente con los corticoides inhalados como tratamiento de mantenimiento (tratamiento pautado de forma regular).

Dispositivos para administrar las soluciones inhaladas.

Existen muchos tipos de dispositivos para administrar las medicaciones inhaladas. Según la edad y las características del paciente se recomendará un tipo u otro de inhalador.

Anti-IgE (Omalizumab)

La anti-IgE es un medicamento aprobado recientemente para el tratamiento del asma. En España se ha indicado en casos de asma alérgica grave.

Se trata de un anticuerpo específico contra la IgE. Se administra en inyección cada dos o cuatro semanas y bloquea la acción de la IgE, el anticuerpo responsable del desencadenamiento de la cascada de síntomas alérgicos en pacientes con enfermedades como el asma alérgica. En general, es bien tolerado y se ha mostrado efectivo. No obstante, su elevado costo y el hecho de que deba administrarse en un centro médico limita su utilización a casos restringidos.

Desensibilización

La desensibilización es un procedimiento similar al de la inmunoterapia, en cuanto que se van administrando dosis progresivamente crecientes de la sustancia que produce alergia en el paciente. Clásicamente, se había aplicado en casos de alergia a medicamentos, cuando no se disponía de una alternativa válida para realizar un tratamiento. Por ejemplo en casos de alergia a la penicilina, cuando no había tantos antibióticos como en la actualidad. Hoy en día se utiliza aún en casos muy determinados. Por ejemplo, en caso de alergia a la aspirina (ácido acetil salicílico), se emplea en pacientes con angina de pecho o infarto cardíaco en los que no baste con los otros fármacos antiagregantes de las plaquetas (fármacos utilizados para evitar que se taponen las arterias) de los que disponemos.

También se ha empezado a utilizar la desensibilización en pacientes con alergia alimentaria. Se aplica este método cuando se considera que un alimento es fundamental en la dieta (como la leche o el huevo) y es difícil evitar su ingesta de forma inadvertida.

Estos procedimientos siempre se realizan siguiendo las instrucciones del alergólogo, con un estricto control médico para poder detectar y tratar cualquier reacción adversa.

Tratamientos utilizados en medicina alternativa o complementaria

No es competencia de este libro recomendar o desaconsejar la utilización de métodos de tratamiento diferentes a los de la medicina convencional. No obstante, sí creemos que es interesante informar a los pacientes y familiares sobre una serie de puntos que pueden ser de utilidad.

Cuando un paciente acude a profesionales de otros campos diferentes de la medicina convencional, puede encontrarse con dos tipos de situaciones. Unos terapeutas recomiendan tratamientos complementarios que se pueden realizar de forma paralela al tratamiento habitual. Otros, en cambio, indican al paciente que suspenda la toma de todos sus medicamentos para que la terapia alternativa funcione. En este segundo caso se pueden producir situaciones de riesgo. Por lo tanto, recomendamos que antes de abandonar la medicación consulte a su médico sobre los posibles efectos de esta interrupción.

Se suele considerar que las terapias alternativas o complementarias son menos perjudiciales y que carecen de efectos nocivos. Pero esto no es totalmente cierto. Por ejemplo, si alguien es alérgico al polen, ciertos preparados a base de hierbas pueden producir una reacción alérgica grave. Los efectos tóxicos de algunas preparaciones de hierbas chinas, como la *Aristolochia*, están descritos en la literatura médica.

Tampoco existen trabajos bien diseñados que demuestren la efectividad de la mayoría de terapias complementarias. El hecho de que un paciente haya percibido una mejoría con este tipo de tratamientos no demuestra que sean efectivos en otros casos. Por lo tanto es importante no recurrir únicamente a este tipo de tratamiento en los casos de enfermedades graves (asma grave) o reacciones agudas como la anafilaxia. En estos casos, es preferible utilizar medicamentos que sí han demostrado su eficacia.

Asimismo, hay que tener en cuenta que no todos los profesionales de la medicina alternativa son médicos. Como la regulación de estos profesionales aún no está completamente definida, es más difícil controlar cuál ha sido su formación. Por lo tanto, recomendamos que antes de iniciar estos tratamientos se informe de:

- Qué formación tiene el terapeuta.
- Qué titulación posee.
- Qué experiencia tiene.
- Si está colegiado o registrado en alguna organización oficial.
- En qué consistirá el tratamiento.
- Qué efectos beneficiosos puede obtener.
- Qué efectos adversos puede producir.
- Si puede facilitar información escrita para remitirla a los médicos habituales.
- Si está de acuerdo en que se continúe utilizando la medicación convencional.
- Cuántas sesiones y durante cuánto tiempo cree que precisará el tratamiento.
- Cuál será el coste económico estimado del tratamiento.

Puntos clave:

- En general, los tratamientos para las alergias son muy seguros y eficaces.

- El paciente alérgico debe saber para qué sirve cada medicación, cuál debe utilizar de forma habitual y cuál debe usar cuando se presenten los síntomas.

- Solicite a su médico que le dé información escrita sobre su tratamiento y sobre cómo debe actuar en caso de empeorar.

- Asegúrese de tener siempre a mano la medicación que pueda necesitar: en casa, en el colegio, en el trabajo, en el coche, etcétera.

- Es preferible que un medicamento caduque sin que lo haya utilizado a que no disponga de él cuando lo necesite.

- Las vacunas para la alergia son un tratamiento de la causa de la enfermedad, y pueden cambiar el curso de la misma.

- La desensibilización a medicamentos o alimentos es un procedimiento para conseguir que un paciente tolere una sustancia a la cual es alérgico.

- Las terapias complementarias son una opción de tratamiento que debe evaluarse adecuadamente.

7. Vivir con alergía

La persona alérgica debe saber que su problema es un proceso crónico que, en principio, estará presente toda la vida. Aun así, la mayoría de alérgicos son personas «sanas» que pueden llevar una vida normal, aunque a veces tengan unas mínimas limitaciones o deban seguir un tratamiento. Además, conviene seguir una serie de indicaciones para sufrir las mínimas molestias.

Dermatitis atópica

La dermatitis atópica o eczema atópico es un trastorno inflamatorio crónico de la piel, tal como se ha explicado en el capítulo sobre síntomas. La piel de estos pacientes es más seca, más irritable y requiere cuidados especiales, incluso en ausencia de lesiones.

- La ducha o el baño deben realizarse una vez al día, con agua tibia. Después, hay que secar sin frotar y aplicar un aceite especial o una crema emoliente. La vaselina líquida es una buena opción.

- En los casos más extensos es preferible el baño, durante no más de diez minutos y utilizando una sustancia coloidal de avena o aceites de baño recomendados por su médico.

- Utilice jabones extragrasos o a base de avena.

- Corte bien las uñas y manténgalas limpias para evitar infecciones microbianas por el rascado.

- Si tiene una crisis de picor, evite rascarse; aplíquese abundante crema hidratante que esté fría (almacene un envase en la nevera).

- Intente no ensuciarse, use guantes u otras medidas protectoras. El exceso de agua y limpiadores es nocivo para su piel.

- El sudor macera la piel. Lávese en cuanto termine de hacer deporte o ejercicio físico intenso.

- La ropa que está en contacto con la piel (también en la cama) debe ser de fibras naturales (algodón, lino, etcétera). Evite las de lana o fibras sintéticas; son más ásperas e inducen picor.

- Puede lavar la ropa a máquina, pero aclárela bien, con un centrifugado extra. No emplee suavizantes.

- El calzado debe ser de cuero o tela, y bien aireado. Evite llevar calzado deportivo durante un tiempo prolongado. Utilícelo sólo para hacer deportes. Los calcetines deben ser de algodón o hilo.

- Puede comer de todo. No hay ningún alimento contraindicado en la mayoría de los pacientes. No obstante, si nota empeoramiento tras comer alguno de ellos, consúltelo con su alergólogo. Recomendamos no abusar de productos con conservantes, colorantes y aditivos, pescados no frescos, fresas, quesos, tomate, chocolate y marisco, ya que incrementan la liberación de histamina (una sustancia del organismo que produce picor).

- Intente evitar el exceso de calor y los cambios bruscos de temperatura. Ventile bien las habitaciones. No eleve demasiado la temperatura con la calefacción (lo ideal es que permanezca alrededor de 20° C).

- Evite el polvo en su habitación (alfombras, moquetas, cortinas, edredones de plumas, etcétera). Utilice un aspirador (a ser posible con filtro HEPA de alta eficacia) en lugar de barrer, y posteriormente pase la fregona.

- Puede bañarse en el mar. El agua de la piscina puede agudizar las lesiones. Si el eczema es agudo y presenta muchas lesiones, evite el baño. Siempre que salga del agua debe reengrasarse la piel con emolientes.

- Aunque la dermatitis suele mejorar con la exposición al sol, utilice un fotoprotector. La exposición al sol excesiva puede resultar nociva a largo plazo para cualquier persona.

- Evite los productos de limpieza irritantes. Utilice guantes de goma y otros de algodón debajo para realizar las tareas domésticas.

- El tabaco perjudica y empeora las lesiones, por lo que es aconsejable no fumar.

Alergia a alimentos

- No todas las reacciones adversas a alimentos son reacciones alérgicas. Es el alergólogo quien debe confirmar el diagnóstico.

- No limite su dieta sin tener la certeza de que es necesario. Por ejemplo, si un paciente es alérgico al huevo, normalmente puede comer carne de pollo sin problemas.

- Si le han diagnosticado una alergia a un alimento, pregunte a su alergólogo si puede tener alergia a algún otro alimento relacionado y cuáles puede tolerar.

- Cuando se sospecha de una alergia a un alimento, no intente probar por su cuenta pequeñas cantidades del mismo, porque puede provocar una reacción potencialmente grave.

- Desconfíe de los alimentos etiquetados como «hipoalergénicos». Los profesionales sanitarios le informarán de las alternativas existentes.

- Cuando salga a comer fuera elija platos sencillos, que difícilmente puedan incluir ingredientes «enmascarados» a los cuales sea alérgico. No dude en preguntar los ingredientes al personal.

- Lea detenidamente las etiquetas de los alimentos. Actualmente, la legislación obliga a declarar la presencia de los alérgenos alimentarios más comunes.

- Las circunstancias en las que se pierde la rutina habitual son las que comportan más riesgo: fiestas, excursiones, viajes, etcétera.

Rinitis y conjuntivitis alérgica

- Evitar el contacto con los alérgenos causantes siempre que sea posible.

- Evitar ambientes cargados con humo y los cambios bruscos de temperatura.

- Los lavados nasales con suero fisiológico o agua marina tratada son una medida higiénica inocua que ayuda a eliminar la mucosidad acumulada y los alérgenos presentes en la vía respiratoria superior. Alivia los síntomas de irritación y sequedad.

- Los colirios a base de suero fisiológico o las lágrimas artificiales le ayudarán a mantener lubricada la conjuntiva y a eliminar restos de alérgenos. Si se conservan en el frigorífico, alivian el escozor.

- Proteger los ojos con gafas si los síntomas oculares son intensos.

- Usar mascarilla que tape nariz y boca cuando no pueda evitar la presencia de alérgenos.

- Siga las recomendaciones de su alergólogo sobre el tratamiento: algunas medicaciones deben usarse sólo cuando se presenten los síntomas, pero otras deben utilizarse de forma habitual durante períodos prolongados de tiempo.

- Si ha de conducir o emplear maquinaria peligrosa, asegúrese de que el antihistamínico que le han prescrito no le dé sueño.

Asma

- Evite el contacto con los alérgenos causantes siempre que sea posible.

- Evite ambientes cargados con humo y los cambios bruscos de temperatura.

- Fumar es perjudicial para todos, pero especialmente para las personas con problemas bronquiales. Por tanto, fumar es doblemente nocivo para los asmáticos.

- Cuando vaya a realizar un esfuerzo físico, inicie un calentamiento progresivo. Respire por la nariz. El aire así inspirado es más cálido y húmedo.

- Beber una cantidad adecuada de líquidos le mantendrá hidratada la vía aérea y le ayudará a expectorar la mucosidad.

- Usar mascarilla que tape nariz y boca cuando no pueda evitar la presencia de alérgenos.

- Siga las recomendaciones de su alergólogo sobre el tratamiento: algunas medicaciones deben usarse a demanda, pero otras deben administrarse de forma habitual durante períodos prolongados de tiempo.

- Pregúntele a su médico todas las dudas que se le ocurran sobre el tratamiento: nombres de los medicamentos, para qué sirven, qué dosis debe tomar, cuándo y durante cuánto tiempo, qué efectos secundarios tienen, actitud si no hay mejoría, actitud ante las crisis, interacciones con otros medicamentos.

- Asegúrese de disponer siempre del broncodilatador inhalado que le han prescrito; llévelo consigo, nunca sabemos cuándo lo podemos necesitar.

- Durante una crisis, es importante no perder la calma. Siéntese erguido o algo inclinado hacia delante. Trate de hacer más lenta su respiración, alejará el pánico y se agotará menos. Tome la medicación tal como le ha indicado su médico.

- Deberá solicitar ayuda si una crisis asmática no mejora tras la utilización de su broncodilatador, si nota que va empeorando progresivamente o si le cuesta moverse o hablar.

- El control del flujo espiratorio máximo (peak flow) nos informa de cómo estamos (¡es como la báscula durante una dieta!). Puede ser muy útil para el diagnóstico y para tener una idea de la gravedad de una crisis.

- Sea especialmente cauto si ya ha tenido que ir a Urgencias en otras ocasiones o si ha precisado ingresar en la unidad de cuidados intensivos.

- Durante el embarazo, debe continuar su medicación antiasmática. Su médico le indicará si debe cambiar alguno de los fármacos, pero en general no es necesario. Tampoco es necesario suspender la medicación si da de mamar a su bebé.

- Si va a ir de viaje, no olvide su medicación. Transpórtela en el equipaje de mano, no la facture. Lleve consigo un informe médico donde conste el tratamiento prescrito, para que no le pongan pegas al pasar la aduana en los aeropuertos.

Anafilaxia

- Una anafilaxia es un cuadro clínico grave, aunque la recuperación pueda ser rápida y total. Téngalo en cuenta.

- Siempre debe disponer de su «kit de emergencia» que contenga adrenalina autoinyectable (2 dispositivos), especialmente durante los viajes o cuando no sea fácil acceder a una atención médica de urgencia. Además, es probable que le recomienden disponer de antihistamínicos y corticoides.

- Familiares, amigos, profesores, etcétera, deben conocer la alergia que padece y cómo se administra la medicación de emergencia.

- Si es alérgico al látex o a algún medicamento es conveniente llevar una medalla o pulsera de alerta médica.

Urticaria crónica

Los siguientes consejos son generales. No evitarán que le aparezca la urticaria pero sí ayudan a aliviarla.

- Evitar la causa o el agente desencadenante cuando sea conocido.

- Evitar el rascado o cualquier fricción sobre la piel. Si tiene mucho picor aplique frío (crema hidratante guardada en la nevera o una ducha fría).

- Evitar la presión sobre la piel (fajas, sujetadores, cinturones o ropa apretada).

- Aunque no sea alérgico a estos medicamentos, se sabe que pueden empeorar una urticaria: ácido acetil salicílico, antiinflamatorios no esteroideos, morfina y derivados como la codeína, contrastes radiológicos.

- Intente seguir una dieta libre de aditivos, evitando sobretodo la tartrazina (E-102), benzoatos (E-211-219), glutamato (H-5801-5805).

- Evitar la ingesta de alimentos que contienen altas concentraciones de histamina o que pueden favorecer su liberación como fresas, piña, tomate, mariscos, pescados, carne de cerdo, embutidos, conservas, quesos curados, chocolate, etcétera.

- Evitar situaciones que pueden empeorar la urticaria como ejercicio físico, calor, estrés, alcohol, etcétera.

Alergia a medicamentos

- Si ha presentado una reacción adversa (alérgica o de otro tipo), no tire el envase hasta que su médico haya anotado qué le ha ocurrido y con qué fármaco. Esta información será muy importante para evaluar la reacción y el posible estudio posterior.

- Si tiene alergia a algún medicamento, pregúntele a su médico si debe evitar sólo ese componente o si debe evitar todo un grupo.

- Infórmese sobre las alternativas que tiene al medicamento que se le ha prohibido.

- Solicite toda la información por escrito.

- Asegúrese de que su alergia medicamentosa está anotada en su historial médico.

- Lleve una medalla o una pulsera de alerta médica indicando a qué medicamento es alérgico.

- Con preferencia, utilizará la vía de administración oral.

- Si es posible utilice medicamentos de un único componente.

- Tomará sólo los medicamentos recomendados por su médico. No se automedique.

El niño alérgico en la escuela

- Se calcula que uno de cada cuatro niños es alérgico; por lo tanto los niños alérgicos no deben ser «bichos raros» ni vivir en una burbuja. Se debe intentar que lleven a cabo las actividades normales, tomando las precauciones necesarias.

- Hay que informar debidamente al personal escolar de qué alergias padece el niño, cuáles son las sustancias que debe evitar y qué medicación debe tomar.

- Se debe enseñar al personal a reconocer la aparición de una reacción alérgica.

- Se debe tener un plan de actuación, sobre todo en los casos de alergias graves: qué medicación administrar y a quién avisar (asistencia médica y familiares).

Viajar con alergia

- Antes de viajar, el paciente debe estar estable. Visite a su médico antes de marchar, especialmente si la alergia no está controlada, si ha presentado reacciones alérgicas o crisis asmáticas graves o si el viaje va a durar mucho tiempo.

- Llevará consigo (como equipaje de mano) toda la medicación que pueda necesitar, en sus envases originales incluyendo el prospecto, ya que contiene información que puede ser útil para el personal médico o el de las aduanas. Lleve más cantidad de la estrictamente necesaria.

- Solicite un informe a su médico; si es posible, disponga de una versión en inglés y/o en el idioma del lugar de destino. Piense que las restricciones para viajar con líquidos son cada vez más duras.

- Deberá adecuar progresivamente las horas de toma de su medicación al horario del país de destino.

121

- Recuerde que los antihistamínicos de primera generación disminuyen los reflejos psicomotores y pueden dar sueño (el alcohol potencia este efecto adverso). Este efecto puede alterar la capacidad de conducción de vehículos y aumentar el riesgo de accidente.

- Debe estar preparado para actuar en caso de reagudización de su alergia: tenga a mano la medicación necesaria y lleve apuntado el número de teléfono del servicio de urgencias médicas.

- Averigüe si su seguro médico le cubre durante el viaje; si es preciso, contrate un seguro de viaje específico.

Alergia y embarazo o lactancia

- Una mujer alérgica embarazada o que está dando de mamar sigue siendo una paciente que debe cuidarse. Por tanto, no debe interrumpir sin más su medicación; consulte primero a su médico, ya que normalmente no es necesario dejar el tratamiento.

- Los medicamentos inhalados que se emplean en el asma apenas pasan al torrente sanguíneo o a la leche materna, por ello no afectan al feto o al bebé.

- Si planea quedarse embarazada, pregúntele a su médico qué medicación puede tomar y cuál no.

- Es un momento perfecto para dejar de fumar definitivamente.

Alergia al sol

- El mejor tratamiento es la prevención, que en este caso consiste en permanecer a cubierto, recordando que los rayos UVA pueden traspasar los cristales y que las nubes no son un factor de protección solar.

- Además, la exposición directa al sol del atardecer es menos peligrosa que a la luz de un mediodía nublado. La luz blanca de los fluorescentes puede causar problemas sólo a los pacientes muy sensibles, dependiendo de su proximidad.

- La ropa no ofrece una protección total. Según el tipo de tejido, su grosor y color puede permitir el paso de espectros de luz: ondas de larga longitud de onda (rayos UVA y luz visible) pueden atravesar tejidos delgados de nylon o de algodón.

- Los factores de protección solar únicamente ofrecen un incremento en el tiempo de tolerancia a los rayos solares (especialmente por rayos UVB) pero, de hecho, pueden permitir llevar una vida normal. Los factores de protección deben aplicarse entre 30 o 45 minutos antes de iniciarse la exposición al sol, pudiendo ser eliminados por el sudor y el agua. Por esto, es importante aplicar repetidamente el producto después de nadar o practicar deporte.

- En el caso de reconocer un fármaco o sustancia como responsable de la alergia al sol, su retirada no implica la desaparición inmediata de la foto-sensibilidad, que puede persistir durante algún tiempo.

- Como tratamiento local de la piel inflamada se pueden usar corticoides tópicos, siempre según las recomendaciones del médico.

- En el tratamiento sistémico se han empleado los rayos PUVA, fármacos antimaláricos, betacaroteno y antihistamínicos.

Picaduras de abejas y avispas

- Si le pica una abeja o una avispa, no se ponga nervioso, mantenga la calma. No haga esfuerzos para evitar que el veneno pase y se distribuya por la circulación; así será menos probable que haya una reacción generalizada.

- Si le ha picado una abeja es posible que el aguijón permanezca en el punto de la picadura. Si esto ocurre, debe intentar extraer el aguijón con la punta de una aguja; intente no presionar el saco de veneno ya que podría inyectarse más veneno.

- Conviene lavar con agua y jabón la picadura o desinfectarla con un producto como povidona yodada. Después, aplique frío local con una bolsa de hielo o un paquete de verduras congeladas cubierto con una toalla.

- Si presenta dolor o inflamación, puede tomarse un analgésico como el paracetamol o un antiinflamatorio. Si tiene picor o urticaria, un antihistamínico le aliviará.

- Si presenta una reacción más importante, deberá consultar al médico para que le indique el tratamiento adecuado.

- Las personas que hayan padecido reacciones generalizadas debidas a la picadura de abejas o avispas, deben tener preparado un plan de actuación adecuado. Quien haya sufrido una anafilaxia (reacción sistémica grave), deberá disponer del «kit de emergencia» que le haya indicado su médico (véase el apartado Anafilaxia).

8. Preguntas y respuestas

¿De dónde procede la palabra atopia?

La palabra atopia procede del griego y significa «lo extraño», «fuera de lugar». Es un vocablo que fue creado a medida por el filólogo Edward Delevan Perry a petición de Coca y Cooke, precursores de la Alergología y la Inmunología modernas. Sirve para designar un grupo de enfermedades que tienden a presentarse en familias, como el eczema, el asma y la rinitis alérgica, caracterizadas por la producción de IgE específica ante alérgenos ambientales.

¿De dónde procede la palabra alergia?

El profesor de Pediatría Von Pirquet fue el primero en emplear el término alergia (que proviene del griego allos, que significa ajeno, y ergos, que significa reacción) en el año 1907. Por tanto, sería una reactividad alterada frente a algo ajeno.

¿Qué es la alergia?

La alergia es una reacción anormal del organismo frente a sustancias que en la mayoría de las personas resultan inofensivas y que se denominan alérgenos. Estas sustancias, al llegar a los diversos órganos de nuestro cuerpo en minúsculas cantidades, son capaces de desencadenar en algunas personas los diferentes procesos alérgicos.

¿Es una enfermedad grave la alergia?

La gravedad de la alergia es muy variable. Se dan casos de reacciones alérgicas muy graves, incluso fatales en algún caso. En otros casos son de intensidad moderada y puede ser necesario tomar medicación de forma habitual. En muchas ocasiones, son trastornos molestos pero leves, que con un buen diagnóstico y tratamiento, permiten a la persona alérgica llevar una vida normal.

¿Es necesario acudir al alergólogo?

En España, un alergólogo es un médico que se ha formado durante 6 años. Después de superar un proceso de selección, realiza un aprendizaje de 4 años más en centros especializados. Esta preparación le permite ser un experto en este tipo de trastornos y poder aconsejar a la persona alérgica de forma conveniente. La formación puede variar según el país.

¿Puede desparecer la alergia con el tiempo?

Ser alérgico o no es una característica del individuo que no se suele modificar. Pero existen excepciones: algunos niños superan las alergias alimentarias (aunque después pueden desarrollar otras), la intensidad de una alergia puede variar hasta hacerse prácticamente asintomática, o una vacuna puede "curar" una alergia en concreto.

Si una persona ya es alérgica, ¿es frecuente que se haga alérgica a nuevas sustancias?

Sí, es bastante frecuente que aparezcan nuevas alergias a lo largo de la vida, aunque no le ocurre al 100% de individuos.

¿Qué es la «marcha alérgica o atópica»?

La afectación alérgica de diferentes órganos en función de la edad del niño es un proceso conocido bajo el nombre de «marcha alérgica» o «marcha atópica». Se ha visto que es frecuente que los niños predispuestos comiencen con síntomas de piel (eczema) o síntomas digestivos (alergia a alimentos) a los pocos meses de vida y que, con el tiempo, hacia los 4-5 años, den paso a una afectación de los bronquios (asma) y de nariz y ojos (rinoconjuntivitis).

¿A qué edad se pueden realizar las pruebas cutáneas de alergia?

A cualquier edad, incluso desde el momento del nacimiento, se pueden realizar las pruebas cutáneas de alergia si es necesario. Lo que ocurre es que el panel de alérgenos se debe adecuar a cada edad: cuando estas pruebas se hacen a un lactante normalmente se busca una alergia a las proteínas de la leche de vaca, por ejemplo, mientras que en un niño más mayor ya se deben probar otros alérgenos como las frutas.

¿Duelen las pruebas cutáneas?

No duelen, molestan un poquito en el momento de pinchar ligeramente la piel. Mientras se espera a que reaccione la piel, puede picar bastante. No se rasque, sople un poco.

¿Pueden sustituir los análisis sanguíneos a las pruebas cutáneas de alergia?

Las pruebas cutáneas son más rápidas, más baratas y más amplias que los análisis que se hacen habitualmente. No obstante, también son algo más molestas y, aunque es extremadamente infrecuente, pueden desencadenar una reacción alérgica. Los análisis de sangre suelen ser más precisos y se utilizan comúnmente para confirmar los hallazgos de las pruebas cutáneas, o para sustituirlas si no se pueden realizar (por ejemplo, si el paciente tiene una piel muy afectada por eczemas). También pueden ser útiles cuando el paciente no puede suspender el tratamiento antihistamínico, ya que éste anula la reactividad cutánea, pero no influye en los análisis.

¿Son efectivos los tratamientos farmacológicos para las enfermedades alérgicas respiratorias?

Actualmente, los medicamentos utilizados en la alergia respiratoria son muy efectivos. Controlan bien la mayor parte de los síntomas, tanto en la rinoconjuntivitis como en el asma bronquial. Además, apenas presentan efectos secundarios relevantes, aspecto que inclina la balanza beneficio/riesgo a favor de su uso.

¿Son efectivas las vacunas de la alergia?

Las más efectivas son las que se utilizan en el caso de la alergia al veneno de himenópteros (abejas y avispas). En el caso de las que se utilizan para la alergia respiratoria, el porcentaje de éxito disminuye ligeramente, pero continúa siendo muy alto, siempre que se escoja bien el paciente y la vacuna que se va a usar. Por esto es importante que sea un médico especialista quien las prescriba. El problema es que actualmente no existen pruebas previas para saber cómo va a responder un determinado paciente a la inmunoterapia; la única manera de saberlo es probarla durante un tiempo.

¿Son compatibles el tratamiento con fármacos y el tratamiento con vacunas de la alergia?

No sólo son compatibles, sino que es imprescindible estabilizar al paciente con un adecuado tratamiento farmacológico antes de iniciar una inmunoterapia. Con el tiempo, se irá reduciendo la mediación según la respuesta del individuo.

¿Existe la alergia a la electricidad?

No hay pruebas de que exista, aunque en los últimos años han aparecido una serie de síndromes que se atribuyen a una reactividad de ciertas personas al medioambiente. Entre ellos, destacan la alergia a la electricidad, el síndrome de sensibilidad química múltiple, enfermedad ambiental, enfermedad ecológica o intolerancia ambiental idiopática. Se han relacionado con otras enfermedades como la fibromialgia o el síndrome de fatiga crónica. En todo caso, no se trata de procesos «alérgicos» en el sentido clásico de la palabra (mediados por el sistema inmunitario con producción de anticuerpos IgE o por linfocitos T específicos).

Durante el embarazo y la lactancia
¿Se pueden tomar los medicamentos de la alergia o pueden afectar al feto?

Como se ha comentado antes, no sólo se puede sino que se debe seguir tratando la alergia. No obstante, cada caso particular debe ser evaluado por el médico responsable.

La acupuntura, la homeopatía o la medicina naturista, ¿son eficaces en las enfermedades alérgicas?

La medicina tradicional recomienda sus tratamientos basándose en el mayor conocimiento posible de la causa o causas de una determinada enfermedad, de sus mecanismos fisiopatológicos y de la aplicación racional de los fármacos que disponemos. Actualmente, se exigen unos ensayos clínicos muy amplios y muy complejos para aprobar los tratamientos farmacológicos. En cambio, no existe ningún tipo de estudio imprescindible para los tratamientos de la medicina alternativa. En las revistas científicas se han publicado algunos estudios para intentar comprobar la efectividad de numerosos tratamientos alternativos. De momento no se ha podido comprobar de forma inequívoca su utilidad. Por ello, carecemos de datos objetivos para recomendarlos. Se cree que el efecto placebo (deseo del paciente por mejorar) es el responsable de la buena respuesta que tienen algunos individuos con estos tratamientos.

Soy alérgico a los gatos, pero, por mi familia, no puedo evitar tener contacto con ellos. ¿Qué puedo hacer?

El primer consejo será siempre intentar evitar el contacto, aunque no siempre es posible. En estos casos, se recomiendan medidas como lavar al animal o aplicar un producto que disminuya la liberación de alérgenos. La otra posibilidad es realizar un tratamiento con vacunas, que en el caso de la alergia al gato se han demostrado efectivas.

Los inhaladores que uso para el asma, ¿me pueden provocar caries?

Los estudios realizados indican que los inhaladores, incluso los de corticoides, no producen un aumento de la caries dental. No obstante, es recomendable enjuagarse la boca para evitar sobreinfecciones por hongos (cándida).

Me han dicho que los corticoides son muy peligrosos y no quiero dárselos a mi hijo, ¿hago bien?

Los corticoides pueden tener efectos adversos nocivos si se usan de forma prolongada y sin control. Pero son el tratamiento más efectivo que existe en muchas enfermedades. Cuando se utilizan de forma tópica (de forma local) en crema, inhalados o en spray nasal, apenas se absorben y no suelen producir efectos secundarios. Cuando se utilizan en crema, debe limitarse su uso a capas finas en la zona inflamada durante un período de tiempo limitado, porque de lo contrario pueden producir adelgazamiento de la piel, dilatación de los vasos sanguíneos y estrías. Su médico le indicará cómo debe hacerlo.

En alguna ocasión es necesario administrarlos por vía oral o inyectada; por ejemplo, esto puede ser necesario durante una crisis de asma. No hay riesgo de hacerlo si es durante unos días o pocas semanas. Si su médico considera que es necesario utilizarlos durante un período más prolongado, le indicará la dosis mínima eficaz y, posiblemente, se lo dará en días alternos. Además, controlará que no aparezcan efectos secundarios.

Si tomo antihistamínicos, ¿me engordaré?

Los antihistamínicos actuales no aumentan el apetito y, por tanto, no producen aumento de peso. Alguno de los antiguos sí incrementaba la sensación de hambre, pero actualmente se usan mucho menos.

¿Qué es la reactividad cruzada?

La reactividad cruzada es un fenómeno en el que el sistema inmunológico reconoce como alérgeno una sustancia «parecida» a otro alérgeno al cual es alérgico. Entonces, puede presentar una reacción frente a una sustancia a la cual no es alérgico inicialmente. Por ejemplo, algunos pacientes alérgicos a los ácaros del polvo presentan una reacción alérgica cuando comen caracoles. A lo mejor el paciente no ha probado los caracoles en su vida y, por lo tanto, no es posible que se haya sensibilizado a ellos; sin embargo, por la reactividad cruzada, puede presentar urticaria, rinitis o incluso asma.

¿Por qué sigo sintiéndome mal cuando llego a casa, si mi gato, al cual yo soy alérgico, ya se murió?

El alérgeno de gato tarda mucho en desaparecer de un domicilio donde ha vivido un gato. Se trata de una molécula muy pequeña, que fácilmente queda en suspensión en el aire y que es muy «adhesiva». Estas características hacen que se deposite en paredes, tapicerías, incluso en la ropa de la gente, y que permanezca allí durante meses. De hecho, se ha demostrado que hasta seis meses después de que salga un gato de un domicilio pueden detectarse concentraciones elevadas de alérgeno.

Otra curiosidad es que en estudios realizados en escuelas, se ha demostrado que hay niños que se hacen alérgicos y tienen síntomas simplemente por estar con otros niños que tienen gato en sus casas y que transportan el alérgeno en su ropa.

Creo que soy alérgico al látex. ¿Cómo lo puedo saber?

Los objetos de látex, goma o caucho, pueden producir dos tipos de reacciones alérgicas:

Una sería la **alergia inmediata**, propiamente debida al látex y que produce urticaria inmediata al tocar el látex, síntomas respiratorios o cuadros de anafilaxia (alergia generalizada). Este tipo de alergia puede ser grave, ya que en caso de contacto masivo con el látex (por ejemplo, contacto directo de éste con mucosas durante una intervención quirúrgica) puede inducir un shock anafiláctico. El diagnóstico se realiza con las pruebas cutáneas de prick y con la determinación de IgE específica contra el látex en sangre.

La segunda, sería la **alergia retardada** por gomas. En este caso, la alergia está producida por aditivos que se añaden al látex para que adquiera la consistencia y elasticidad deseadas. Este tipo de alergia produce lesiones cutáneas eczematosas, y aunque puede ser extremadamente molesto e incapacitante, no comporta la gravedad del anterior. El diagnóstico se lleva a cabo mediante las pruebas epicutáneas o pruebas del parche.

Una persona alérgica al Penicillium, ¿puede tomar penicilina?

Sí puede tomar penicilina. La penicilina es una sustancia que produce el hongo *Penicillium*, pero quien es alérgico al hongo está sensibilizado a las esporas del moho que se hallan en suspensión en el aire y no tiene por qué tener reacciones con el antibiótico.

Soy alérgico a las gramíneas y me han dicho que los cereales son gramíneas. ¿Puedo comer pan y pastas?

Cuando alguien es alérgico a las gramíneas, en realidad es alérgico al polen de este tipo de plantas. Los cereales y las harinas que se obtiene de los mismos se elaboran con los granos (es decir, las semillas), que no contienen polen. Por tanto, puede comer cereales tranquilamente.

Si se es alérgico al polen de olivo, ¿se pueden comer aceitunas y aceite de oliva?

Sí, se pueden comer aceitunas y aceite, ya que las aceitunas son los frutos y no contienen polen.

Soy alérgico al polen del olivo y tengo un olivo en el jardín, ¿debo arrancarlo?

No es preciso arrancar el olivo. El polen del olivo viaja en el aire y no es necesario estar cerca de la planta para respirarlo; de hecho, puede viajar muchos kilómetros con el viento. El olivo produce polen durante los meses de mayo y junio; durante este tiempo le recomendaría no estar directamente debajo del árbol. No obstante, se necesitan grandes cantidades del polen para desarrollar síntomas. Esto ocurre, por ejemplo, en Andalucía, donde se generan verdaderas nubes de polen debido a los árboles de los campos de cultivo.

¿Qué es el asma laboral? ¿Cómo se diagnostica?

El asma laboral o asma ocupacional es el asma que se origina en el ambiente de trabajo, provocado por sustancias que se utilizan en el entorno laboral. Para diagnosticarlo, se suelen hacer mediciones del flujo espiratorio en el ambiente laboral y fuera de él. Además, se debe buscar la causa mediante pruebas cutáneas, análisis o pruebas de provocación. Esta prueba puede tener reacciones adversas, así que deben realizarla únicamente profesionales entrenados.

¿Es verdad que el asma bronquial infantil desaparece con el tiempo?

A veces sí, pero no siempre. Algunos bebés tienen episodios de sibilantes, relacionados en algunos casos con infecciones respiratorias. Algunos de estos niños tendrán asma, pero otros no. Se ha observado que aquellos que tienen pruebas de alergia positivas en piel o en sangre tienen más probabilidad de ser asmáticos. También es cierto que, a veces, al llegar la adolescencia desaparecen los síntomas de asma, pero no es cierto que esto ocurra siempre.

¿Qué es más recomendable para ir de vacaciones?, ¿la playa o el campo?

No existe una respuesta única a esta pregunta. Algunos pacientes con alergia a los ácaros o mohos pueden tener problemas en algunos apartamentos/casa de la playa, pero el problema está en la vivienda (humedades, filtraciones…), no en la playa en sí misma. Si la casa está en condiciones, y se hace una desalergenización conveniente (ir unos días antes para limpiar y ventilar), no tiene por qué existir ningún problema. Por otro lado, los niños alérgicos al polen pueden tener algún problema al ir a zonas de campo, si bien en verano la cantidad de polen en la atmósfera es muy escasa y sólo lo producen plantas muy determinadas (alguna gramínea, urticáceas y el eucalipto).

De igual modo, puesto que el polen puede volar muy lejos, el hecho de estar en la playa no supone necesariamente que un niño alérgico a los pólenes esté a salvo de la posibilidad de tener algún problema, si bien esto es muy raro.

Si un niño tiene sibilancias, ¿siempre se trata de asma?

Los episodios repetidos de sibilancias en los niños pueden ser debidos a una hiperreactividad bronquial, consecuencia del asma o de las infecciones respiratorias que padezcan. Diferenciar si se trata de uno u otro proceso puede ser difícil. Es necesario hacer unas pruebas de función respiratoria para ver cómo funcionan los bronquios de forma basal y cómo responden a medicamentos que los «abren» o «cierran».

Además, se deben realizar unas pruebas de alergia para ver si existe una sensibilización a ácaros del polvo, hongos, pelos de animales... que pueda ser la causa del asma. Con un tratamiento de fondo, estos niños suelen llevar una actividad normal.

Mi hijo tiene alergia al huevo y a la leche. ¿La superará?

Después de que se diagnostiquen la alergia al huevo y a la leche, es imprescindible una evitación estricta de estos alimentos, no sólo para evitar síntomas, sino para intentar que disminuya la sensibilización. Al cabo de un tiempo, puede llegar a desaparecer. El alergólogo deberá evaluar de forma periódica si el niño ya no es alérgico y puede tolerar estos alimentos.

¿Es posible tener alergia a muchos vegetales y frutas de familias diferentes?

Esto es posible, especialmente si se presenta una alergia alimentaria a uno o más «panalérgenos» o «alérgenos universales». Se trata familias de proteínas que están presentes en diversos alimentos, aunque a veces no estén presentes en diversos alimentos, aunque a veces no estén estrechamente relacionados. Para poner un ejemplo muy simple, es como si usted fuera alérgica al «color amarillo» y por lo tanto presentara problemas con limones, plátanos, yema de huevo, etcétera. El problema es que estas proteínas no son fácilmente identificables. De momento, ha de evitar todos los alimentos que le inducen síntomas, ya que no existe ningún tratamiento específico para evitar las molestias ni curar estas alergias.

Cuando me expongo al sol en verano, me salen unas manchitas blancas que no se van. ¿Puede ser alergia al sol?

Los síntomas referidos no son los propios de una alergia al sol, sino los de un hongo comensal de la piel. Por ello, debería consultar al dermatólogo. La radiación solar puede producir varios tipos de alergia como urticaria o erupciones de granitos que producen mucho picor, o actuar junto con algunos medicamentos produciendo una especie de quemadura o eczema.

Me sale urticaria cuando estoy debajo de pinos. ¿Puede ser alergia?

Lo más probable es que se trate de una reacción irritante por la procesionaria. La procesionaria del pino o *Taumetopea pityocampa*, constituye una de las principales plagas forestales en España. Es bien conocida la capacidad urticante de sus espículas o pelos por efecto tóxico-irritativo (que afecta a todas las personas expuestas directamente a ellos), pero recientemente se han descrito algunos casos de «alergia». En cualquier caso, el único tratamiento efectivo es evitar la exposición: debe protegerse al máximo la superficie cutánea durante los meses en que estén presentes las orugas.

9. El futuro de la enfermedad

La alergia es una patología que está aumentando, especialmente en las sociedades más avanzadas. De hecho, se ha etiquetado como una epidemia. Los datos de los últimos estudios indican que, en occidente, aproximadamente una de cada cinco personas es alérgica. ¿Por qué es tan frecuente y por qué sigue aumentando? No hay una respuesta clara a esta cuestión. Sin embargo, se sabe que las condiciones de vida de la sociedad moderna favorecen la aparición de alergias. Entre ellas destacan las condiciones higiénicas, con un menor contacto del individuo con ciertos tipos de microorganismos que normalmente favorecen el desarrollo inmunitario «no alérgico». Al carecer de este estímulo, la inmunidad de los individuos se desvía y produce estas reacciones anormales.

No obstante, los avances científicos en el campo de la alergología son esperanzadores. ¿Cuáles podemos destacar?:

- A nivel general, cada vez se tiene más información sobre los mecanismos que generan y actúan en las enfermedades alérgicas y, por lo tanto, se pueden investigar formas de combatirlos.

- Se han producido grandes avances en el desarrollo de las vacunas: actualmente los extractos que se utilizan son de gran calidad, confiriendo mayor eficacia y seguridad.

- Se están desarrollando vacunas aplicables en nuevos campos, como la alergia al látex o la alergia alimentaria.

- Cada vez se tiene más experiencia en aplicar sistemas de desensibilización en las alergias alimentarias. Estos procedimientos consisten en administrar de forma controlada y progresiva cantidades crecientes del alimento alergénico (por ejemplo, se está realizando con leche y con huevo), induciendo una tolerancia en el paciente. Sería un sistema similar al de la inmunoterapia, pero en lugar de realizarlo con extractos, se lleva a cabo directamente con el alimento en cuestión.

- La introducción de la anti-IgE (omalizumab) abre nuevas expectativas de actuación, ya que aunque ahora sólo está aprobado su uso en el asma bronquial, puede tener un papel en otras enfermedades alérgicas, como la alergia alimentaria o la dermatitis atópica. Su efectividad en estas patologías aún se está estudiando.

La ciencia que estudia las alteraciones alérgicas, la alergología, es todavía una especialidad «joven» que tiene muchos aspectos por explorar y, sin ninguna duda, los progresos durante los próximos años van a ser muy importantes.

10. Información de utilidad para el paciente

En esta era de la información, la cantidad de fuentes para profundizar el conocimiento sobre cualquier tema es enorme. Hemos intentado destacar las más útiles e interesantes, pero seguro que alguna se ha quedado en el tintero. Como la forma más sencilla de obtener información actualmente es a través de Internet, nos hemos limitado a dar las direcciones de las páginas web correspondientes.

Cuando utilice Internet para buscar información, asegúrese de que la fuente es de confianza. Por ello es conveniente recabarla en páginas web de organizaciones oficiales o en páginas que hayan obtenido algún tipo de acreditación respecto a la fiabilidad de sus contenidos.

Asociaciones de pacientes

Amigos de la Fundación de la Sociedad Española de Alergología e Inmunología Clínica (SEAIC)

http://www.seaic.es/iniweb/?cat=9&p=135

Asmaler (Asociación de asmáticos y alérgicos de Huelva)

http://asmaler.galeon.com/

Asociación de Alérgicos a Picaduras de Himenópteros A.D.A.P.H.I.

http://www.scaic.org/scaic/adaphi.htm

Asociación de Asmáticos Aire Libre

http://www.airelibre.org/

Asociación de Asmáticos de Oviedo

Avda. de Galicia, 10- 7º Dcha. 33005 Oviedo

Tel.: 608 471 472

Asociación de Asmáticos Madrileños (ASMA)

http://www.asmamadrid.org/

Asociación de Familiares y Pacientes de la Dermatitis Atópica

http://www.adeaweb.org/

Asociación de Madres y Padres de Niños y Adultos Alérgicos de Jaén (ALERJA)

http://alerja.freezope.org/

Asociación Española de Alérgicos al Látex

http://www.alergialatex.es/

Asociación Española de Angioedema Familiar (AEDAF)

http://www.aedaf-es.com/

Asociación Española de Padres y Niños con Alergia a Alimentos y Látex (AEPNAAL)

http://www.aepnaa.org/aepnaa.html

Asociación Gallega de Asmáticos y Alérgicos

http://www.accesible.org/asga/

Associació Asmatològica Catalana

http://www.asmatics.org/homecast.htm

Inmunitas Vera (Asociación de alérgicos a alimentos)

http://www.immunitasvera.org/

Recursos e informaciones de interés

Alergoweb. Portal de Alergia en español que incluye una gran cantidad de información útil: bibliografía, monografías, contenido divulgativo, congresos, sentencias y dilemas, etcétera.
http://www.alergoweb.com/

El Mago de las Alergias. Un fantástico cuento, muy pedagógico y entretenido para niños con alergia y sus padres.
http://www.njc.org/disease-info/diseases/allergy/kids/swizard/contents.aspx

El Mago del Asma. Al igual que la web anterior, se trata de un cuento didáctico para aprender muchos aspectos del asma.
http://www.njc.org/disease-info/diseases/asthma/kids/swizard/contents.aspx

Información sobre alergia al látex y cómo evitarlo
http://platea.pntic.mec.es/~jlescoba/

Interesante página en inglés sobre alergia a alimentos, de la Red de Alergia a Alimentos y Anafilaxia de EUA, con apartados para niños y adolescentes.
http://www.foodallergy.org

Información de utilidad para el paciente

La Casa del Alérgico. Portal sobre alergia en español que pretende informar y orientar a los pacientes así como servir de canal de comunicación para todas las personas interesadas en la alergia. Incluye base de datos de alergólogos españoles tanto en centros públicos como privados.

http://www.lacasadelalergico.com/

Niveles de polen en España.

http://www.polenes.com

Página de la Academia Americana de Alergia, Asma e Inmunología, con recursos, folletos, libros, muchos de ellos en español.

http://www.aaaai.org/espanol/

Página web de la Unidad de Alergia Infantil del Hospital la Fe de Valencia, con extensa información sobre las enfermedades alérgicas y recomendaciones sobre alérgenos.

http://www.alergiainfantillafe.org/infoalergia.htm

Red Alergia. Portal de Alergia con una gran variedad de contenidos tanto para pacientes como para profesionales, ordenados por secciones. Incluye links a otros portales de alergia.

http://www.redalergia.com.ar/

Respirar. Potente portal en español sobre el asma especialmente dirigido a niños y adolescentes. Incluye una biblioteca virtual, talleres interactivos, noticias y todo tipo de novedades relacionadas con la alergia.

http://www.respirar.org/

Saludalia. Sección de Alergia del portal Eresmas con información específica sobre alérgenos y medidas de evitación redactadas por especialistas.

http://www.saludalia.com

The Allergy Cookbook. Página web en inglés especializada en recetas para niños alérgicos a alimentos.

http://www.foodallergycookbook.com/

The Food Allergy Network. Página Web de la FAAN (*Food Allergy and Anaphylaxis Network*). Asociación formada por familiares y pacientes alérgicos a alimentos, médicos, enfermeras, estudiantes, etcétera. Incluye una gran cantidad de información útil, tanto para profesionales como para personas interesadas por cualquier motivo en el campo de la alergia alimentaria.

http://www.foodallergy.org/

Tuotromedico.com. Portal médico patrocinado por Sanitas con gran cantidad de información para pacientes alérgicos, agrupada por temas. Incluye un buzón a través del cual diversos especialistas contestan a las cuestiones formuladas.

http://www.tuotromedico.com/

Una guía para niños alérgicos a alimentos en la escuela, elaborada por la asociación Inmunitas Vera, útil como referencia para padres y profesores.

http://www.immunitasvera.org/images/upload/Guiaescuelacast-IV06.pdf

Unas películas para hacerse idea del tamaño de los ácaros del polvo.

http://www.allernet.com/MOVIES/index.html

Sociedades médicas

Asociación de Alergología e Inmunología Clínica de la Región de Murcia. Cuenta con una sección para pacientes.

http://www.alergomurcia.com

Asociación Castellano-Leonesa de Alergología e Inmunología Clínica. Cuenta con una sección para pacientes.

http://www.aclaic.org

Sociedad Española de Inmunología Clínica y Alergia Pediátrica

http://www.seicap.org

Sociedad Española de Alergología e Inmunología Clínica. Cuenta con una sección para pacientes, «los Amigos de la Fundación». Información sobre recuentos polínicos.

http://www.seaic.es

Sociedad Andaluza de Alergología e Inmunología Clínica. Cuenta con una sección para pacientes.

http://www.alergosur.com/

Sociedad Madrid-Castilla la Mancha de Alergología e Inmunología Clínica. Cuenta con una sección para pacientes.

http://www.medynet.com/mclm

Sociedad de Alergólogos del Norte de España. Cuenta con una sección para pacientes.

http://www.alergonorte.org

Sociedad Aragonesa de Alergología e Inmunología Clínica

http://www.alergoaragon.org

Societat Catalana d'Al·lèrgia i Immunologia Clínica. Cuenta con una sección para pacientes.

http://www.scaic.cat

Sociedad Gallega de Alergia e Inmunología Clínica. Cuenta con una sección para pacientes.

http://www.sgaic.org/wordpress/

Instituciones internacionales

Center for Disease Control. Apartado sobre alergias en español.

http://www.cdc.gov/spanish/alergias.htm

American Academy of Allergy, Asthma & Immunology. Abundantes informaciones y noticias, tanto en español como en inglés.

http://www.aaaai.org

American College of Allergy, Asthma & Immunology. Dispone de algunas informaciones en español.

http://www.acaai.org

European Academy of Allergy & Clinical Immunology

http://www.eaaci.org

European Federation of Allergy and Airways Disease Patients' Associations. Federación de las asociaciones de pacientes de Europa.

http://www.efanet.org